青少年运动技能等级标准与测试方法丛书

青少年羽毛球
运动技能等级标准与测试方法
教学指导用书

全国青少年运动技能等级标准研制组　组编

科 学 出 版 社

北 京

内 容 简 介

本书为《青少年羽毛球运动技能等级标准与测试方法》(以下简称《标准》)教学指导用书。《标准》的发布为广大羽毛球爱好者和参与者提供了一整套科学、客观的羽毛球运动技能测试方法和评价体系。本书力求用简要的语言,对各级测试的动作技术关键、易犯错误、教学步骤及学练方法进行介绍,并辅以图片和视频说明。

本书可供国家及各级教育主管部门、体育主管部门,各级体育协会、体育院校及中小学校的体育教师、教练、体育指导员等体育工作者参考、使用。

图书在版编目(CIP)数据

青少年羽毛球运动技能等级标准与测试方法教学指导用书 / 全国青少年运动技能等级标准研制组组编. —北京：科学出版社，2022.3

(青少年运动技能等级标准与测试方法丛书)

ISBN 978-7-03-070557-0

Ⅰ. ①青… Ⅱ. ①全… Ⅲ. ①羽毛球运动－称号等级(体育)－标准②羽毛球运动－称号等级(体育)－测试方法 Ⅳ. ①G847

中国版本图书馆 CIP 数据核字(2021)第 228257 号

责任编辑：张佳仪/责任校对：谭宏宇
责任印制：黄晓鸣/封面设计：殷　靓

科学出版社 出版
北京东黄城根北街 16 号
邮政编码：100717
http：//www.sciencep.com

南京文脉图文设计制作有限公司排版
苏州市越洋印刷有限公司印刷
科学出版社发行　各地新华书店经销

*

2022 年 3 月第　一　版　　开本：B5(720×1000)
2022 年 3 月第一次印刷　　印张：5
字数：82 000

定价：70.00 元

(如有印装质量问题,我社负责调换)

“青少年运动技能等级标准与测试方法”丛书编辑委员会

主　编

陈佩杰　唐　炎

副主编

蔡玉军　丁　力

编　委

（按姓氏笔画排序）

丁海勇　马古兰丹姆　马吉光　王健清　卢志泉　史芙英　朱　东
朱江华　刘东宁　刘善德　李　菁　李玉章　李博文　李赟涛
杨小凤　陈旭晖　陈周业　罗晓洁　金银日　郑鹭宾　项贤林
施之皓　姜嵘嵘　骆　寅　袁　勇　唐　军　黄　卫　黄文文
董众鸣　韩春英　韩耀刚　谭晓缨　戴国斌

“青少年运动技能等级标准与测试方法”丛书专家指导委员会

（按姓氏笔画排序）

王培锟　叶玮玮　吉　宏　孙麒麟　吴　瑛　邱丕相　何志林
余丽桥　邵　斌　孟范生　梁文冲　虞定海　戴金彪

《青少年羽毛球运动技能等级标准与测试方法教学指导用书》编辑委员会

主　编

陈佩杰　唐　炎

副主编

蔡玉军　丁　力

执行主编

陈周业　卢志泉

编　委

（按姓氏笔画排序）

史芙英　罗晓洁　钟建荣　修　晨

盛　怡　蒋　健　管　颖　霍倩文

第二版丛书序

2018 年 4 月,我国第一套涵盖 11 个运动项目的"青少年运动技能等级标准与测试方法"(以下简称"标准")面向社会公开发布。同期,"标准"丛书由科学出版社正式出版。"标准"问世以来,得到了教育部、国家体育总局、上海市教委,以及相关运动项目协会、体育行业职业教学指导委员会的高度肯定和大力支持,对推动青少年的体育发展起到了积极的作用。

截至目前,全国已有 16 个省(自治区、直辖市)的 9 000 余名体育工作者接受了"标准"考评员培训,已有 27 个省(自治区、直辖市)的 300 余家社会机构组织开展了"青少年运动技能等级标准"测评,参加社会化测试的青少年人数近万人,有力推动社会力量对青少年体育发展作出贡献。上海市中小学校自 2018 年将"标准"作为推进学校体育工作的重要抓手,全面开展针对青少年学生的运动技能等级测试以来,到 2019 年底共测试中小学生超过 10 万人,测试结果为深入了解青少年学生运动技能掌握的实情、发现体育教学中存在的问题提供了有力参考。同时,针对体操、高尔夫球、羽毛球等项目,创新性地开展了比赛与测试相结合的标准等级赛,极大地激发了青少年参与比赛的热情,丰富了比赛的内涵,提升了青少年参与比赛的获得感,产生了良好的社会效益。

2018 年 12 月,"标准"丛书获得了第 27 届上海市中小学、幼儿园优秀图书二等奖。2019 年 4 月,"标准"丛书被列入上海市中小学、幼儿园图书馆(室)图书配置推荐目录。"标准"部分内容也在 2019 年被上海市初中教材《体育与健身》采纳,正式作为上海市初中生的体育课程学习内容。

"标准"在国内得到多方认可的同时,也受到了国际同行的关注。2019 年 4 月出版的《青少年软式曲棍球运动技能等级标准与测试方法(中英文版)》得到了国际软式曲棍球联合会和亚洲大洋洲软式曲棍球联合会的认证,成为该项目的国际标准。这为"标准"在世界范围内的传播开了先河,彰显了我国青少年体育发展成果的国际影响力。

首批 11 个运动项目的"标准"出版后,引起了广大体育同行对青少年体育技能发展问题的关注，并积极投入到新“标准”的研制工作中。到目前为止，上海体育学院、成都体育学院、沈阳体育学院、哈尔滨体育学院、南京体育学院、宁波大学、上海理工大学、东华大学等单位积极支持科研人员参与到新“标准”的研制中，先后正式出版了软式曲棍球、健美操、体育舞蹈、艺术体操、空竹、跳绳 6 个项目的“标准”用书。此外，攀岩、轮滑等 10 余个新兴和时尚运动项目也已纳入了研制和出版计划。

在首批“标准”的推广应用过程中，部分专家学者及广大使用者对进一步完善“标准”提出了非常宝贵的意见。研制组在对这些意见进行认真梳理和广泛讨论的基础上，决定开展对首批“标准”的完善和升级工作。经过近 1 年的努力，率先完成了足球、篮球、排球、羽毛球和高尔夫球 5 个项目的“标准”(第二版)工作。“标准”(第二版)主要有以下一些变化：

一是标齐等级难度。各项目研制组在基于前期测试的基础上，结合专家意见，尽可能标齐了不同项目同一等级的难度，增强了“标准”等级之间的可比性。

二是采用百分制。每一等级测试均采用百分制，提高了“标准”同一等级内的区分度，为中小学校利用“标准”开展学生体育学业评价提供方便。

三是提升测试效率。对部分之前测试较烦琐、耗时较长的科目进行了改进，简化了测试流程，增强了测试简便性，提升了测试效率。

四是提高严谨性。对各项目标准中存在的错误进行修订，对部分测试指标进行调整，并对第一版中的文字、图片和视频进一步完善。

在“标准”投入应用后，广大中小学体育教师、社会体育俱乐部教练对于如何指导青少年学练“标准”各等级测试动作产生了强烈需求。为此，各项目研制组针对各级测试的动作技术关键、易犯错误、教学步骤及学练方法等内容开展了教学指导用书的编写工作，以期“标准”能更好地为青少年体育实践服务。此外，各项目“标准”研制组积极开展人工智能测试工具的研发，为实现全程自动化测试奠定了基础。

不忘初心，方有正确航向。千锤百炼，才能永葆生机。希望通过不断的修订，能够提升“标准”的质量，打造出精品，为青少年的体育发展提供不竭动力。当然，由于研制者学识、能力和水平有限，若“标准”丛书中存在疏漏和不足之处，恳请各项目专家学者和实践应用者提出宝贵意见，以供进一步完善。

陈佩杰　唐　炎
2020 年 4 月 15 日

第一版丛书序

2017 年 11 月，国家体育总局、教育部、中央文明办、发展改革委、民政部、财政部和共青团中央 7 部门联合制定出台了《青少年体育活动促进计划》，明确提出“研究建立青少年运动技能等级评定标准”，并要求“各级教育部门应将运动技能等级纳入学生综合素质评价体系”。运动技能水平是衡量个体体育综合能力的关键指标，让青少年掌握 1～2 项运动技能是国家对青少年体育教育的基本要求。然而，如何客观有效地评判青少年运动技能的掌握水平，我们还缺乏一套行之有效的标准。毋庸讳言，当前运动技能等级标准的缺失已经成为制约青少年体育改革发展的主要因素。这对学校体育与健康课程改革的效果检验和深入推进、对青少年体育素养水平评价的实施及社会性青少年体育培训的规范开展都造成了影响。因此，制定一套能展现运动项目特征、反映运动技能进阶规律、科学性强且便于测试的“青少年运动技能等级标准”已迫在眉睫。

2016 年 3 月，上海体育学院组建了“标准”研制组开展相关工作。经过广泛的专题调研和充分的分析讨论后，研制组确立了四等十二级制的“标准”体系构架，并以能反映运动项目的实际运用能力、能反映个体运动技能水平的变化、能促进青少年运动参与的积极性、能与竞技体育运动等级标准有效衔接为基本思路，依托中国乒乓球学院强大的科研力量，以乒乓球运动技能等级标准的研制为突破口，以点带面地推进研制工作。2017 年 4 月 12 日，研制组首先发布了《青少年乒乓球运动技能等级标准》(以下简称《乒乓球标准》)。《乒乓球标准》的发布得到了中国乒乓球协会与上海市教委相关领导、乒乓球界多位名宿与专家的高度肯定，国家体育总局官网、新华网、环球网等数十家媒体予以报道。在《乒乓球标准》成功发布的基础上，研制组进一步优化研制思路和路径。又历时 1 年，经过对 9 000 余名青少年进行测试和数十轮专家研讨，研制组先后完成了足球、篮球、排球、羽毛球、网球、高尔夫球、田径、体操、游泳、武术 10 个运动项目的“标准”研制工作。上海市学生体育协会对“标准”高度认可，并采纳其全部内容用于促进青少年学生体育活动的开展工作。同时，“标准”已作为行业主体在上海市质量技术监督局申请为“团体标准”。“标准”的正式出台对于推动青少年体育发展可以起到以下几方面的作用。第一，“标准”的体系构架能够实现普通青少年与精英运动员的运动技能水平评定的衔接，能够为体育管理部门掌握青少年运动技能等级分布情况、规划运动项目发展方向提供支撑。第二，“标准”的指标设计充分考虑到运动项目参与主体的获得感，青少年在每一阶段的进步均能通过等级的进阶得到证明，从而更好地激发和维持青少年积极参与运动的热情。第三，“标准”在对个体参与测试的资格上添加了运动经历的要素，要求被测试者从进入“提高级”的测试开始，必须要具备相应的运动经历才能参与测试。这样的设置突出了“标准”作为评价工具的发展功能，能够避免青少年将技能等级提升与运动实践相割裂的弊端，从而更好地带动青少年积极运动。第四，“标准”指标体系的科学性及测试方法的便捷性能够为学校开展体育技能教学、评定学生体育技能水平提供技术支撑，能够为教育部门开展学生体育素养测评提供科学便捷的工具，更好地实践体育与健康课程的育人价值。第五，“标准”能够为各种青少年体育培训机构的培训质量提供明确的评价依据。当前，青少年体育培训机构虽然蓬勃发展，但也良莠不齐。评价培训质量的指标较多，而青少年运动技能水平的提升程度无疑才是评价培训质量优劣的重要参考。

从提出研制思路到最终成稿，上海市教委都给予了极大的支持与帮助。同时，上海体育学院国家社会科学基金重大项目“中国儿童青少年体育健身大数据平台建设研究”研究团队从项目设计开始，就将“标准”的研制作为主要的研究任务之一，并形成了专门的研究小组进行技术攻关。此外，各运动项目领域的诸多专家及协会、众多中小学学校及社会性体育培训机构也在本“标准”的研制过程中提供了大量帮助。在此，向所有为“标准”的研制工作贡献力量的人员表示衷心的感谢！

受制于学识的限制，若“标准”存在不完善的地方，恳请广大专家学者以及应用“标准”的相关机构、组织及个人不吝赐教，多提宝贵意见，为“标准”的进一步完善提供真知灼见！

陈佩杰　唐　炎

2018 年 3 月 12 日

目 录

第一章 | 一级测试 01

第一节 技术分析与教学建议 / 01
第二节 体能练习 / 12
第三节 育人指导 / 13

第二章 | 二级测试 14

第一节 技术分析与教学建议 / 14
第二节 体能练习 / 19
第三节 育人指导 / 20

第三章 | 三级测试 21

第一节 技术分析与教学建议 / 21
第二节 体能练习 / 37
第三节 育人指导 / 38

第四章 | 四～六级测试 40

第一节 技术分析与教学建议 / 40
第二节 体能练习 / 49
第三节 育人指导 / 51

第五章 | 七～九级测试 53

第一节　技术分析与学练方法 / 53

第二节　体能练习 / 64

第三节　育人指导 / 65

第一章　一级测试

▲

一级测试中包含正反手颠球和正手发高远球两个测试项目，是初学者学习羽毛球运动技术的最为基础的内容。正反手颠球主要考查练习者的握拍和球性，正手发高远球主要考查练习者的正手握拍及正手发力。因此，一级测试内容中实际要求练习者掌握正手握拍、颠球和正手发高远球三项技术。

第一节　技术分析与教学建议

一、正手握拍

（一）技术分析

正手握拍，简称“正拍”，是所有羽毛球技术的基础，握拍的正确与否直接关系到各项技术的质量和击球的效果，也直接影响运动员技能水平的提高，所以教学者要着重强调正手握拍的重要性，要求学生重视并且掌握好正手握拍技术。否则，一旦形成错误的正手握拍，改正握拍要花费更多的时间和精力，因此在这一动作技术上教学者和练习者都不能有丝毫的松懈。

1. 动作方法

将球拍拍面竖直于地面放于体前，持拍手大拇指肚与食指的指肚、第二指节一侧轻握在平行于拍面的拍柄两侧，其余三指放松自然放于拍柄上，小鱼际肌轻轻压在拍柄末端。动作演示可参考图 1-1 和图 1-2。

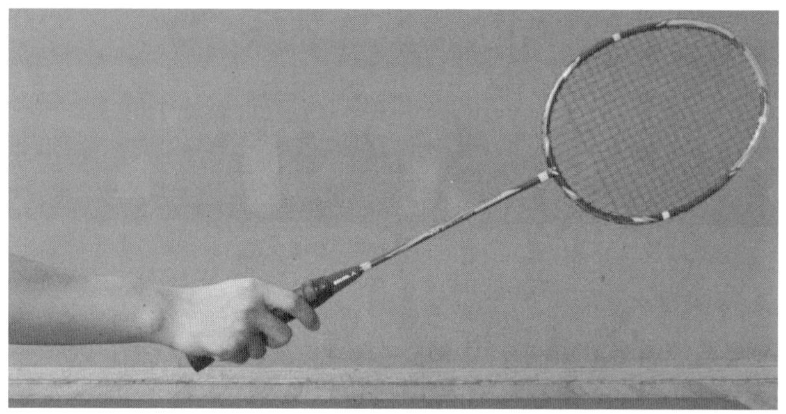

图 1-1　正手握拍（手臂侧）

图 1-2　正手握拍（手心侧）

2. 技术关键

除了发力瞬间用力之外，正手握拍必须做到：

(1) 空：三空，即手指间空、虎口空、掌心空（图 1-3～图 1-5）。

(2) 松：手指、手腕放松，不紧张。

(3) 活：手指、手腕能灵活变动。

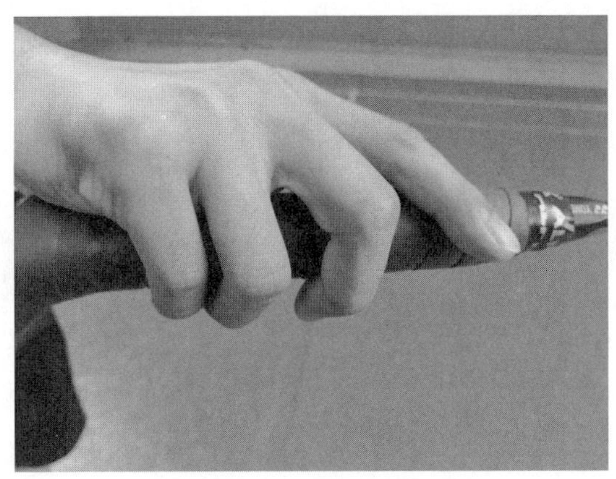

图 1-3　手指间空

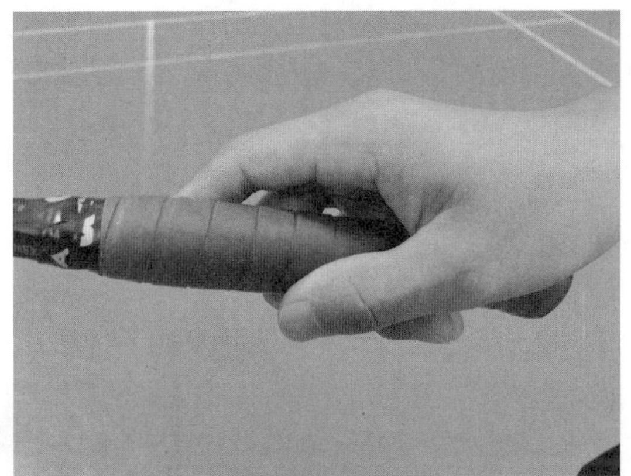

图 1-4　虎口空

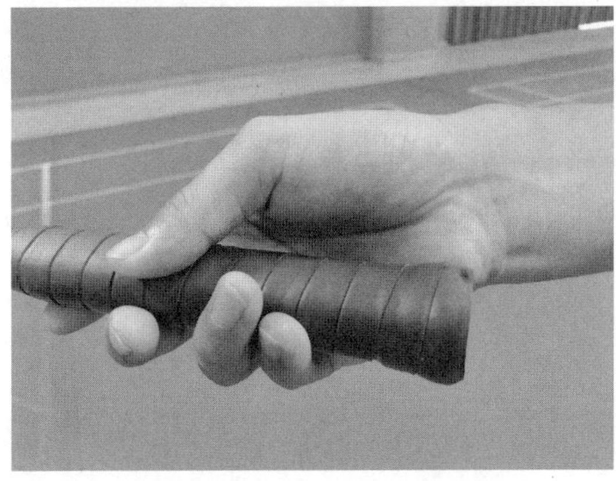

图 1-5　掌心空

3. 易犯错误及纠正方法

(1)“拍苍蝇”式握拍

“拍苍蝇”式握拍是指虎口正对拍面的一种握拍方式（图 1-6）。

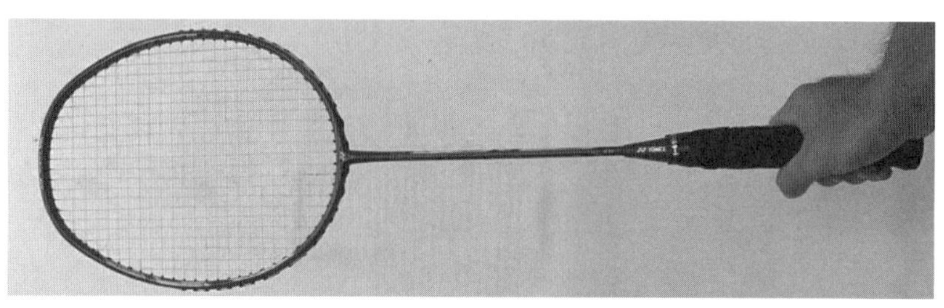

图 1-6　“拍苍蝇”式握拍

纠正方法：让练习者尝试反手击球，将出现无法发力及掌控击球方向的情况，说明其缺点，引导其纠正握拍方式。

(2)“一把抓”式握拍

这种握拍方式近似正确握拍方法，但是手指间、掌心和虎口没有空出。由于这种握拍方式导致手指手腕难以放松，因此在处理近网球时，难以完成细腻的网前击球技术（图 1-7）。

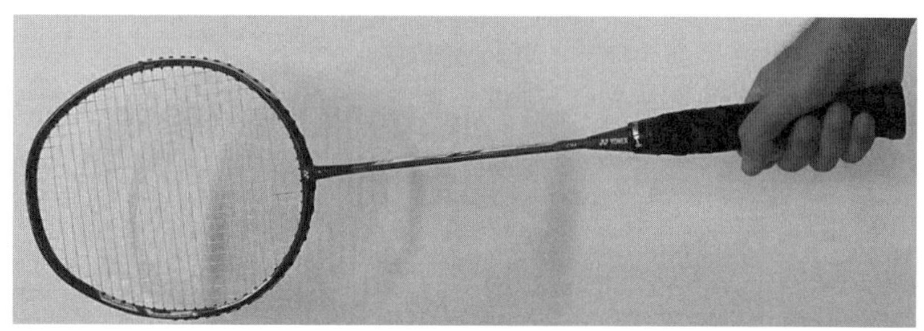

图 1-7　“一把抓”式握

纠正方法：通过手指捻动拍柄、绕拍、球拍捡球等体会如何放松手指、手腕。

(二) 教学建议

1. 教学步骤

(1) 强调正手握拍的重要性。

(2) 讲解示范动作方法与要领。

(3) 分解与完整教学法：先分解每一个细节，再完整教学。

(4) 直观教学法：通过教师、学生的正确示范和错误示范以及视频、图片实施直观教学。

2. 学练方法

(1) 学会并养成正确的持拍方式

持拍手大拇指肚与食指的指肚、第二指节一侧放于平行于拍面的拍柄两侧，拍子竖直放置于体侧（图 1-8）。

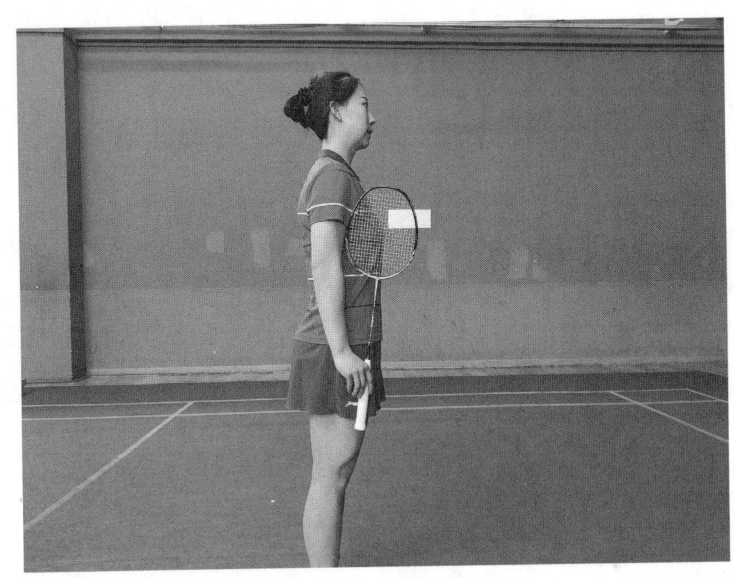

图 1-8　持拍

(2) 持拍与握拍的交替转换

持拍时拍头立起竖直放在体侧，握拍时拍头下放于体前，两个动作交替反复练习。动作演示见视频 1-1。

视频 1-1

(3) 绕拍

1) 手心侧内绕拍：拍子由竖直向内在手心侧连续画圆式绕拍。动作演示见视频 1-2。

视频 1-2

要求：手指、手腕要放松、灵活，使拍子尽量贴近手臂，动作流畅，可先慢速再逐渐加快。

2) 手心侧外绕拍：拍子由竖直向外在手心侧连续画圆式绕拍。动作演示见视频 1-3。

视频 1-3

要求：手指、手腕要放松、灵活，使拍子尽量贴近手臂，动作流畅，可先慢速度再逐渐加快。

视频 1-4

3）手背侧内绕拍：拍子由竖直向内在手背侧连续画圆式绕拍。动作演示见视频 1-4。

要求：手指、手腕要放松、灵活，使拍子尽量贴近手臂，动作流畅，可先慢速再逐渐加快。

视频 1-5

4）手背侧外绕拍：拍子由竖直向外在手背侧连续画圆式绕拍。动作演示见视频 1-5。

要求：手指、手腕要放松、灵活，使拍子尽量贴近手臂，动作流畅，可先慢速再逐渐加快。

视频 1-6

5）内“8”字绕拍：拍子由竖直向内在手心侧画圆式绕拍一圈后，再由竖直向内在手背侧画圆式绕拍一圈，如此循环往复。动作演示见视频 1-6。

要求：手指、手腕要放松、灵活，使拍子尽量贴近手臂，动作流畅，可先慢速再逐渐加快。

视频 1-7

6）外“8”字绕拍：拍子由竖直向外在手心侧画圆式绕拍一圈后，再由竖直向外在手背侧画圆式绕拍一圈，如此循环往复。动作演示见视频 1-7。

要求：手指、手腕要放松、灵活，使拍子尽量贴近手臂，动作流畅，可先慢速再逐渐加快。

二、颠球

颠球的主要目的是提高练习者的球性。通过不同形式的颠球可以逐步提高练习者尤其是初学者对羽毛球在空中飞行的运动特征的认知、击球感觉以及手眼配合能力。

（一）技术分析

1. 动作方法

采用正手握拍法握住球拍，用正拍面或反拍面向上连续颠球。

2. 技术关键

球托竖直向下时击球；击球瞬间拍子平行于地面。

3. 易犯错误及纠正

（1）颠球高度不稳定，过高或过低

纠正方法：这个错误主要是因为挥拍幅度和力度不稳定造成的，让练习者控制拍面的运动幅度不要太大，颠球高度保持在 1 米左右，不要过高或过低。

(2) 颠球方向不稳定，球乱飞

纠正方法：主要是击球瞬间拍面方向不稳定，或颠球高度太低，球在翻转时击球造成的，要求击球时拍面平行于地面，控制颠球高度在 1 米左右，在球托竖直向下时击球。

(二) 教学建议

1. 教学步骤

(1) 对颠球的作用进行说明。

(2) 讲解示范动作方法与要领。

(3) 直观教学法：通过教师、学生的正确示范和错误示范实施直观教学。

(4) 引导教学法：通过语音和教学手段引导学生学习。

2. 学练方法

(1) 正拍颠球

采用正手握拍法握住球拍，用正拍面向上颠球。动作演示见视频 1-8。

视频 1-8

要求：练习者可由随球移动颠球逐步过渡到原地颠球；初学者要尽量保持拍面稳定且挥拍幅度不要太大。

(2) 反拍颠球

视频 1-9

采用正手握拍法握住球拍，用反拍面向上颠球。动作演示见视频 1-9。

要求：练习者可由随球移动颠球逐步过渡到原地颠球；初学者要尽量保持拍面稳定且挥拍幅度不要太大。

(3) 正、反拍颠球

视频 1-10

采用正手握拍法握住球拍，交替用正、反拍面向上颠球。动作演示见视频 1-10。

要求：练习者可由随球移动颠球逐步过渡到原地颠球；初学者要尽量保持拍面稳定且挥拍幅度不要太大。

(4) 运动中颠球

在走、跑、坐等不同形式下进行颠球。

要求：在熟悉球性的基础上，练习者可增加击球的难度。

(5) 快速颠球

颠球高度尽量低，快速反应，连续颠球。

要求：由于颠球的方向和高度不稳定，练习者尽可能通过对击球的控制和脚步的移动来实现连续颠球。此练习有较大的难度，球性较好的练习者可以采用，初学者不建议采用。

视频 1-11

(6) 大力颠球

用正拍面或反拍面击球，运用手腕闪动的爆发力向上击球。动作演示见视频 1-11 和视频 1-12。

视频 1-12

要求：击球要直上直下、高度高，并且要连续且稳定。

(7) 颠球接力

练习者可进行分组，颠球直行或蛇行（绕障碍）进行接力。

三、正手发高远球

(一) 技术分析

正手发球是较为常用的发球技术，根据发球飞行的角度可分为高远球、平高球、平射球；根据发球距离的远近可分为后场球和前场球。正手发高远球是最为基础的、也是初学者首先要掌握的发球方式。正手发高远球是指发球时用正拍面将球击得又高又远，球飞行至最高点后垂直下落至对角半场的后场区域，并尽量靠近端线。这种发球方式可以调动对方到端线附近回击发球，使其远离中心位置，能有效减少其进攻威力，增加其移动距离，为发球方赢得主动，因此，在女子羽毛球运动员以及业余选手（男女均可）中被普遍采用。但是，由于男子羽毛球运动员移动速度快，进攻能力强，比赛中较少采用正手发高远球技术。

1. 动作方法（以右持拍手为例）

两脚前后自然开立，左脚在前，右脚在后，前后脚呈“丁”字形站立，重心放在右脚。左手以“端高脚杯”式持球于胸前。右手持拍自然曲臂放在体侧。左手放球，身体慢速转身，持拍手上臂下放并外旋，同时手腕后伸带动拍头向后完成引拍动作。身体继续转动，带动手臂向前挥动，当挥拍至身体右侧前方击球点时，前臂加速前摆，带动手腕、手指快速向前上方闪动发力，用正拍面将球击出，手臂继续随挥向上至头部位置，完成击球动作。动作演示见视频 1-13。

视频 1-13

2. 技术关键

正手发力：手指、手掌握拍由松到紧，手腕由仰腕到直腕爆发用力。

3. 易犯错误及纠正方法

(1) 手指、手腕发力不正确

此错误主要是由于击球前手指、手腕握拍过紧，限制了手指、手腕的爆发性用力，导致挥拍速度低，击球速度慢。

纠正方法：在整个发球过程中可先让手指手腕放松，然后逐步过渡到手指手腕的闪动发力。

(2) 用力节奏不好，过早发力

此错误主要表现为手臂过早且过于主动地发力，造成没有转身、引拍的技术环节，而直接发力击球造成的。

纠正方法：加强从准备姿势到转身引拍的分解技术练习，在掌握此分解技术的基础上再进行完整发球技术练习。

(3) 击球点不稳定

此错误主要由两方面造成，一是持球手放球不稳定造成击球时在前后左右方向上偏离击球点，二是击球时机过早或过晚造成击球时在垂直方向上过高或过低。

纠正方法：可先确定其最佳击球点，然后通过吊线球练习、抛球练习逐步纠正。

(4) 挥拍方向不正确

此错误动作多表现为击球时手臂向异侧肩部方向挥拍，形成肩部内收或耸肩，肩部力量发挥受限，造成发球弧形低、速度慢，而且向异侧肩部方向偏移，容易使发球出边线而失误。

纠正方法：除了明确正确的手背挥拍方向以外，最主要的是明确随挥结束时手部的位置在头部位置而非肩部，然后要求其每次发球结束时保持动作 1～2 秒不变，检查自己的手部是否保持在头部位置，如果出现错误马上纠正，这样反复练习可很快纠正此错误。

(5) 发球方向不稳定

此错误除了击球点不稳定或挥拍方向不正确导致的以外，其主要原因是击球时拍面不稳定所造成的。

纠正方法：首先要明确击球时拍面的方向就是球飞行的方向，即向哪个方向发球，击球瞬间拍面必须朝向哪个方向。然后通过吊线球分解技术练习让其体验挥拍击球时拍面方向；在有球完整技术练习时，在发球区放置一标志物，让其向标志物方向进行发球练习，直至发球方向稳定为止。

(6) 挥拍击不到球

此错误主要是由于球性差、身体协调性不好造成的。

纠正方法：让其多进行颠球、抛接球等球性练习以提高身体协调性等身体素质；也可以一人协助抛球，让其练习发球或挑球。

(二) 教学建议

1. 教学步骤

(1) 讲解发球规则和发球的作用。

(2) 讲解示范动作方法与要领。

(3) 分解教学法：先将完整动作分解为准备姿势、放球引拍、挥拍击球、随挥结束四部分逐一进行学习，再进行组合和完整教学。

准备姿势：两脚前后自然开立，左脚在前，右脚在后，前后脚呈“丁”字形站立，重心放在右脚。左手以“端高脚杯”式持球于胸前，右手持拍自然曲臂放在体侧（图 1-9）。

放球引拍：左手放球，身体慢速转身，持拍手上臂下放并外旋，同时手腕后伸带动拍头向后完成引拍动作图（图 1-10）。

图 1-9　准备姿势

图 1-10　放球引拍

挥拍击球：身体继续转动带动手臂向前挥动，当挥拍至身体右侧前方击球点时，前臂加速前摆，带动手腕手指快速向前上方闪动发力，用正拍面将球击出（图 1-11）。

随挥结束：击球后手臂继续随挥向上至头部位置，完成击球动作（图 1-12）。

图 1-11　挥拍击球

图 1-12　随挥结束

（4）完整教学法：在掌握分解技术动作的基础上进行完整技术教学。

（5）直观教学法：通过教师、学生的正确示范和错误示范以及视频、图片实施直观教学。

2. 学练方法

（1）原地分解动作练习

先按照准备姿势、放球引拍、挥拍击球、随挥结束四部分逐一进行练习，再进行组合练习。动作演示见视频 1-14。

视频 1-14

要求：每个动作环节的教学要细致、规范。

（2）原地完整动作练习

先进行慢速完整动作练习，再逐步过渡到快速动作练习。动作演示见视频 1-15。

视频 1-15

要求：保证动作的规范、流畅。注意动作节奏，准备姿势、放球引拍要慢，挥拍击球、随挥要快，结束动作要保持 1～2 秒钟。

（3）用吊线球进行正手发球练习

将球系在长 3 米以上吊线的下端，球的高度调至击球点处（与练习者膝关节高度齐平或稍低一些）。用球拍向前上方击球，模仿正手发高球动作。

要求：动作要完整，尤其是准备姿势，包括左手的持球动作和放球、回收动作，以及结束动作的保持。

（4）对墙进行发高远球或击球练习

以发球的准备姿势侧对墙站立，对墙发球尽量将球击到墙的指定位置。

要求：首先强调注意技术动作的准确性，可暂不管球是否击中，在不断重复正确动作的基础上，自然地发展到拍面能触球将球击出。为此，练习时间可先闭上眼睛练习发球，利用想象球下落的时间，将注意力集中在动作上。然后，将眼向前凝视面对的墙，按上述要求发球，逐步掌握其时空规律。

视频 1-16

（5）在场地上正手发球练习

在场地上进行发球练习，先在右区练习，再到左区练习。动作演示见视频 1-16。

要求：始终要注意动作的准确性，然后才是飞行弧度和落点的质量要求。

第二节　体能练习

一级测试还未涉及羽毛球的专项体能练习，因此，在此阶段以全面发展功能性的基础体能为主，结合羽毛球运动特征，注重发展学生的基础步法、灵敏与协调性、环境应变等各种能力。

1. 柔韧性练习

以加强手腕、肩、髋、膝、踝关节为主的全身关节的柔韧性练习。

2. 功能性动作练习

各种跑、跳、投、滚翻、爬等功能性动作练习。

3. 自身体重力量练习

挂臂悬垂、俯卧撑、立卧撑、双腿跳、单腿跳、跳绳等练习。

4. 基础步法练习

小碎步、并步、跨步、交叉步等单一步法练习。

5. 灵敏与协调性练习

利用绳梯、方格、小栏架等进行练习。

6. 其他素质的练习

通过各种游戏进行反应速度、动作速度、环境应变处理能力的练习。

一级测试是羽毛球最为基础的阶段，不论是技术学习还是体能练习一定要注意以保证动作的规范性和方法的正确性为主，不可急于求成。对儿童青少年更要有耐心，更要注重规范性和正确性，每次练习负荷强度不宜过大，多以跑、跳、投等功能性动作练习为主，结合游戏增加学习和练习过程的乐趣，注重培养他们对羽毛球运动的兴趣，切不可拔苗助长，影响他们的长远发展。

第三节　育人指导

在一级测试动作阶段，要加强对儿童青少年的基本礼仪、行为规范和课堂纪律性的培养，确保教学秩序及组织安排的顺利进行，具体内容如下：

（一）礼仪规范

1. 对人

讲礼貌：对教练、同学、工作人员要有礼貌，主动打招呼、问候。

讲文明：讲文明用语，不可讲脏话、骂人，不给他人起歧视性、侮辱性绰号。

2. 对物

爱惜自己的物品、保护公共物品；不可有摔拍、压球网、扯拉球网、破坏场地物品和公共设施的行为。

（二）组织纪律性

遵守纪律：不准随意迟到、旷课、早退等。

服从安排：队形整齐，服从组织安排，注意力要集中，不可随意离开练习场地或串场地等。

遵守规章：遵守场馆的场地、器材、卫生等的规章规定。

第二章　二级测试

二级测试包含羽毛球掷远和后场定点正手直线击高远球两个测试项目，但是这两个测试项目主要解决的其实是同一个问题，即正手肩上击球技术，两个测试项目中正手击高远球是主，而羽毛球掷远为辅。

第一节　技术分析与教学建议

（一）技术分析

正手击高远球是主要的正手肩上击球技术之一，也是最基础的一项后场击球技术，它是其他后场肩上击球技术如杀球和吊球的基础，它的技术质量直接影响杀球和吊球的技术质量，因此，要高度重视正手击高远球技术的基础性和规范性。

1. 动作方法

从准备动作开始，看到来球后迅速右撤步转身侧向球网，形成侧身架拍并移动找球，击球时，转身带动手臂以鞭打动作向上挥拍击球，击球后身体放松，顺势向左转身，手臂及球拍挥至身体左侧完成一个击球动作。动作演示见视频 2-1。

视频 2-1

2. 技术关键

肩上挥拍的鞭打动作。

3. 易犯错误及纠正方法

（1）用力节奏不好，过早发力

此错误主要表现为肩上鞭打动作存在问题，手臂过早且过于主动发力，造成缺少转身提肘技术环节，而直接发力击球。

纠正方法：加强从侧身架拍、转身提肘到挥拍击球的分解技术练习，在掌握此分解技术的基础上再进行各种抛球练习，直至动作正确且稳定后再完整击球技术练习。

（2）击球点不稳定

此错误主要是由于没有形成正确击球点的空间感觉，击球时在前后左右上下方向上偏离击球点，造成击球弧线过平或过高、方向忽左忽右、击球力量时好时坏。

纠正方法：首先确定其最佳击球点，然后通过吊线球练习、抛球练习逐步纠正。

（3）挥拍方向不正确

此错误动作多表现为两种：一是击球时手臂过于主动向异侧肩方向挥拍，形成肩部内收或耸肩导致肩部力量发挥受限，造成击球向异侧肩方向偏移；二是过于用力向下挥拍，击球后手臂过于紧张不放松，造成随挥结束后手臂和球拍在持拍手同侧，而不是在异侧。

纠正方法：第一种情况可通过吊线球练习进行纠正，除了让其明确正确的手臂挥拍动作，还应强调击球时转身送肩和前臂内旋击球的动作要领。第二种情况，除了让其明确正确的手臂挥拍方向以外，最主要的是让其明确随挥结束时手部和拍子的位置在持拍手异侧，并要求其每次击球结束时保持动作 1～2 秒不变，检查手部和拍子是否保持在持拍手异侧，如果出现错误马上纠正，这样反复练习可很快纠正此错误。

（4）击球方向不稳定

此错误主要是由于击球时拍面不稳定。

纠正方法：首先要明确击球时拍面的方向就是球飞行的方向，即向哪个方向击球，击球瞬间拍面必须朝向哪个方向。然后在对方后场放置一标志物，向标志物方向进行直线击球练习，直至击球方向稳定为止。

（5）挥拍击不到球

此错误主要是因为球性差、身体协调性不好。

纠正方法：多进行颠高球、抛接高球等球性练习以提高身体协调性等身体素质；也可以通过吊线球、一人协助原地抛球练习进行纠正。

（二）教学建议

1. 教学步骤

（1）讲解后场击球的基本要求及击高远球的作用。

(2) 讲解示范动作方法与要领。

(3) 分解教学法：先将完整动作分解为准备姿势、侧身架拍、转身提肘、挥拍击球、随挥结束五部分逐一进行教学，再进行组合和完整教学。

准备姿势：面向击球方站立，左右开立略宽于肩，持拍手一侧脚略微靠前，屈膝微蹲，正手握拍，持拍于身前（图 2-1）。

侧身架拍：看到来球后迅速右撤步转身侧向球网移动找球，两手同时曲臂举起，左高右低，拍子垂直或略向内倾斜（图 2-2）。

图 2-1　准备姿势

图 2-2　侧身架拍

转身提肘：转身向前至面向击球方向，同时左侧肘部向下，右侧肘部向前向上移动，拍头向下（图 2-3）。

挥拍击球：举拍从下向上挥拍至高球击球点，拍面摆正（图 2-4）。

随挥结束：击球后身体放松，顺势向左转身，手臂及球拍挥至身体左侧完成一个击球动作（图 2-5）。

(4) 完整教学法：在掌握分解技术动作的基础上进行完整技术教学。

(5) 直观教学法：通过教师、学生的正确示范和错误示范以及视频、图片实施直观教学。

图 2-3 转身提肘

图 2-4 挥拍击球

图 2-5 随挥结束

2. 学练方法

(1) 原地分解动作练习

先按照准备姿势、侧身架拍、转身提肘、挥拍击球、随挥结束五部分逐一进行练习。动作演示见视频 2-2。

视频 2-2

要求：练习者可按照口令“一、二、三、四、五”逐一练习，练习中注意每个分解动作之间要停顿，直到确认动作没有错误再继续做下一个分解动作。

（2）原地完整动作练习

视频 2-3

先进行慢速完整动作练习，再逐步过渡到快速动作练习。动作演示见视频 2-3。

要求：保证动作的规范、流畅。注意动作节奏，准备姿势、侧身架拍要慢，转身提肘、挥拍击球和随挥要快，结束动作要保持 1～2 秒钟。

（3）用吊线球进行正手击球练习

将球的高度调至练习者的最佳击球点高度。用球拍向前上方击球，模仿正手击高球动作，可先进性分解技术练习，再进行完整技术练习。

要求：动作要完整、流畅、规范、放松。

（4）掷球练习

用大拇指和中指夹住球托的两侧，食指轻轻顶住一根羽毛的头部，根据上述击高球技术的五个分解动作的要求完成。最后出手时抖动手腕把羽毛球掷到最远，注意球出手时飞行的角度，尽量把球掷得又高又远。

要求：此项练习可以一人练习，也可以两人一组练习，同时向对方掷、接球练习。先进行保持击球动作的掷高远球练习，在技术熟练后，再进行远度和精度的各种掷球练习。也可穿插在准备活动、体能训练或游戏中进行。

（5）一人发球一人击球练习

练习者以侧身架拍姿势站在中后场，一人发高远球发至练习者头顶附近，练习者进行击高远球练习，击球结束后马上回复到侧身架拍姿势。原地击高远球动作演示见视频 2-4。

视频 2-4

要求：发球者要有较好的发球技术和控球能力，尽量减少练习者的移动。

（6）原地对打练习

视频 2-5

视频 2-6

两人面对面站在各自的场区底线附近对打高远球。一开始先练习直线对打，然后再练对角线对打。正手直线高远球对打演示见视频 2-5，正手斜线高远球对打演示见视频 2-6。在这一阶段练习中，主要以打直线高远球为主。

要求：练习双方尽量控制好球的高度和远度，保持多回合对打。

第二节　体能练习

二级测试动作也只是原地击球技术，未涉及羽毛球的专项步法和体能，因此，在此阶段的体能发展在内容和形式方法上与一级测试基本相同，但是发展的侧重点应有所转变。在一级测试中应强调动作规范和动作质量，对负荷量和强度要降低要求，而在二级测试动作阶段，在保证动作规范和质量的基础上，要逐步加强练习的速度、强度、多样性。

1. 柔韧性练习

以加强手腕、肩、髋、膝、踝关节为主的全身关节的柔韧性练习。

2. 功能性练习

各种跑、跳、投、滚翻、爬等功能性动作练习。

3. 基础力量练习

斜体引体向上、跪姿俯卧撑、立定跳远跳高、单腿跳等下肢力量练习，仰卧起坐、俯卧两头起等腰腹肌力量练习，立卧撑等全身力量练习。

4. 基础步法

并步、跨步、交叉步、前进、后退、转身、变向等单一及组合步法练习。

5. 灵敏与协调性练习

结合场地、绳梯、方格、小栏架、障碍物等进行练习。

6. 其他素质的练习

通过各种游戏进行反应速度、动作速度、环境应变处理能力的练习。

二级测试还处在羽毛球技术学习的基础阶段，以全面发展一般体能为主，可适当加入羽毛球的一些基础的专项步法、灵活性和协调性的练习，但是运动负荷和量一定要适度，专项体能的占比应在20％以下，负荷量与强度应在中小程度，不应过早、过多地进行专项化练习。在练习形式上应多结合游戏性、团体性的练习，增强儿童青少年的人际交往能力，增加其练习的乐趣，激发他们对羽毛球运动的兴趣。

第三节　育人指导

在二级测试阶段，除了继续加强礼仪规范和组织纪律以外，还要对学生加强安全意识教育，让其学会保护自己和他人，具体内容如下：

(一) 礼仪规范

1. 对人

讲礼貌：对教练、同学、工作人员要主动打招呼、问候。

讲文明：要讲礼貌用语，不可讲脏话、骂人，不给他人起歧视性、侮辱性绰号等。

友善：同伴之间要多关心，相互帮助、照顾，不可欺凌他人，禁止打架。

感恩：对教练的指导、同伴的陪练要有感恩之心，对他人的帮助要主动说“谢谢”。

2. 对物

爱惜自己的物品、保护公共物品；不可有摔拍，踢球、踩球，压球网、扯拉球网，破坏场地物品和公共设施的行为；保持练习场地、物品整洁。

(二) 组织纪律

遵守纪律：不准随意迟到、旷课、早退等。

服从安排：队形整齐，服从组织安排，注意力要集中，不可随意离开练习场地或串场地等。

遵守规章：遵守场馆的场地、器材、卫生等的规章规定。

(三) 安全意识

学会保护自己：练习时要保持安全距离，注意力要集中，注意观察各种不安全因素并积极避免。

学会保护他人：禁止用拍或用球打人；对有伤害他人的安全隐患要及时提醒和制止。

第三章　三级测试

▲

三级测试中包含三项测试：正手、头顶高远球，正手、头顶吊球和正手、反手挑球。从测试内容来看，正手高远球和吊球都属于后场击球技术，挑球是前场击球技术，在各个测试中还加入了正手、头顶、反手的方位变化以及直线和斜线的线路变化，并且在正、反手挑球测试中还有步法移动的要求，因此，三级测试在项目数量、前后场技术类型、击球的方位和线路变化以及步法上都对练习者提出了更高的要求。

第一节　技术分析与教学建议

一、高远球

三级测试中的正手、头顶高远球的测试项目是在正手位和头顶位进行直线和斜线击球，由于没有移动要求，还是属于原地击球，与二级测试的击高远球测试项目相比较，增加了正手位的斜线和头顶位的斜线击球，单纯从技术上面来看，只是增加了线路的变化。因此在技术学习上可参照二级测试中的击高远球测试项目的相关内容，在本章不再赘述，只介绍以下技能提高的学练方法。

1. 正手击高远球的学练方法

(1) 原地正手击直线高远球

练习者站在一侧场地右侧中后场，一人发高远球发至练习者头顶附近，练习者进行击直线高远球练习。

两人一组，练习者站在一侧场地右侧中后场，陪练者站在对面同侧场

视频 3-1

地的中后场，两人进行对打直线高远球练习。直线高远球对打演示见视频3-1。

要求：发球者或陪练者要有较好的发球技术和控球能力，尽量减少练习者的移动，练习者将球击得又高又远，并控制好球落点尽量保持在对面场地同侧后双打发球线中间位置。

（2）原地正手击斜线高远球

两人一组，练习者站在一侧场地右侧中后场，一人发高远球发至练习者头顶附近，练习者进行击斜线高远球练习，多球练习。

两人一组，练习者站在一侧场地右侧中后场，陪练者站在对面异侧场地的中后场，两人进行对打斜线高远球练习。正手斜线高远球对打演示见视频3-2。

视频 3-2

要求：发球者或陪练者要有较好的发球技术和控球能力，尽量减少练习者的移动，练习者将球击得又高又远，并控制好球落点尽量保持在对面场地异侧后双打发球线中间位置。

（3）原地正手击直线斜线高远球

两人一组，练习者站在一侧场地右侧中后场，一人发高远球发至练习者头顶附近，练习者进行击一直线一斜线高远球练习。

三人一组，一人练习、两人陪练，练习者站在一侧场地右侧中后场，两位陪练者分别站在对面两侧场地的中后场，练习者进行一直线一斜线击高远球，两位陪练者分别将球回击给练习者，进行对打高远球练习。

要求：发球者或陪练者要有较好的发球技术和控球能力，尽量减少练习者的移动，练习者将球击得又高又远，并控制好球落点尽量保持在对面场地后双打发球线中间位置附近。

2. 头顶击高远球的学练方法

（1）头顶位击直线高远球的练习方法和正手位击直线高远球相同，在此不再讲述。

（2）原地头顶击斜线高远球

两人一组，练习者站在一侧场地头顶位中后场，一人发高远球发至练习者头顶附近，练习者进行击斜线高远球练习。

两人一组，练习者站在一侧场地头顶位中后场，陪练者站在对面异侧场地的中后场，两人进行对打斜线高远球练习。

要求：练习者或陪练者要有较好的发球技术和控球能力，尽量减少练习者的移动，练习者将球击得又高又远，并控制好球落点尽量保持在异侧后双打发球线中间位置。

(3) 原地头顶击直线、斜线高远球

两人一组，练习者站在一侧场地头顶位中后场，一人发高远球发至练习者头顶附近，练习者进行击一直线一斜线高远球练习。

三人一组，一人练习、两人陪练，练习者站在一侧场地头顶位中后场，两位陪练者分别站在对面两侧场地的中后场，练习者进行一直线一斜线击高远球，两位陪练者分别将球回击给练习者，进行1点对2点高远球对打练习。

要求：练习者或陪练者要有较好的发球技术和控球能力，尽量减少练习者的移动，练习者将球击得又高又远，并控制好球落点尽量保持在陪练者头部位置附近。

二、吊球

(一) 技术分析

吊球是后场的一项重要的常用技术之一，是将后场高球以向前下飞行的方式击到对方近网区域的一项技术。根据站位的不同可分为正手吊球和头顶吊球，根据击球线路的不同又分为直线吊球和斜线吊球。不论是正手吊球还是头顶吊球，其技术结构是相同的，只是击球时击球方位和手法不同而已，因此，正手和头顶吊球在教学方法和练习的方式方法上是相同的，在此一起讲述。

1. 动作方法

正手吊球：从准备动作开始，看到来球后迅速右撤步转身侧向球网，形成侧身架拍并移动找球，击球时，转身带动手臂以鞭打动作向上挥拍，击球时手腕由伸腕开始屈腕带动手掌手指捻动发力，使球拍以切削方式击球托右后侧使球向左下方飞行至对方网前，击球后身体放松，顺势向左转身，手臂及球拍挥至身体左侧完成一个击球动作。动作演示见视频3-3。

视频3-3

头顶吊球：与正手吊球动作环节相同，只是击球手法不同，头顶吊球挥拍击球时前臂内旋，手腕由伸腕开始屈腕带动手掌手指发力，使球拍内旋的同时向右下挥动，以滑板方式击球托左后侧使球向右下方飞行至对方网前。动作演示见视频3-4。

视频3-4

2. 技术关键

击球时拍面的控制及手法的运用。不论是正手吊球还是头顶吊球，要根据吊球的远近、线路、快慢合理地控制拍面的倾斜角度以及手指手腕的力度。

3. 易犯错误及纠正方法

（1）球飞行弧形过高

此错误在初学者中极易出现，表现为击出的球不是直接向下飞行落到对方网前而是先向上飞行，再向下。产生的原因主要有两种：一是击球点过低且靠后造成的，二是练习者追求成功率怕失误的心理造成的。

纠正方法：前一种错误首先确定最佳击球点，然后通过吊线球练习逐步纠正。纠正后一种错误主要是要端正心态，强调以技术学习为重，不要太注重击球效果，打消怕失误的顾虑；在手法上可通过稍微加大击球力度、增加过网高度来提高成功率，减少失误。

（2）球过偏出界或不过网

此错误动作多表现为两种：一是正手吊球击球时手臂过于主动向异侧肩方向挥拍，前臂外旋击球造成击球力量不足且过于向左飞行使球出界或下网，而头顶吊球时由于手臂内旋不足致使拍面不能朝向右前方击球托的左后侧，造成击球部位不正确和击球力量不足使球不过网；二是击球时击球托的部位不是右后而是过于靠右，击球太“薄”。

纠正方法：第一种情况通过吊线球练习进行纠正，除了明确正确的手臂挥拍动作，应强调击球时转身送肩以及前臂内旋击球的动作要领；第二种情况，首先明确击球时拍面的正确方向和击球托的正确位置，然后通过吊线球练习可逐步纠正。

（3）动作一致性差

此错误是指练习者没有保持后场技术的一致性，在进行吊球时会过早地放慢击球节奏，使对手预判到练习者的击球意图。

纠正方法：首先要明确保持后场技术一致性的重要性，其次可通过先打一个高球或杀球、再打一个吊球的多球练习方式，体会错误动作和保持动作一致性的差别，逐步纠正。

（二）教学建议

1. 教学步骤

（1）讲解后场击球的基本要求及击高远球的作用。

（2）讲解示范动作要领。

（3）分解与完整教学法：先将完整动作分解为准备姿势、侧身架拍、转身提肘、挥拍击球（正手吊球击球或头顶吊球击球）、随挥结束五部分逐一进行教学，再完整教学。

准备姿势：面向击球方站立，左右开立略宽于肩，持拍手一侧脚略微靠前，屈膝微蹲，拍子举在身前（图 3-1）。

侧身架拍：看到来球后迅速右撤步转身侧向球网移动找球，两手同时曲臂举起，左高右低，拍子垂直或略向内倾斜（图 3-2）。

图 3-1　准备姿势

图 3-2　侧身架拍

转身提肘：转身向前至面向击球方向，同时左侧肘部向下，右侧肘部向前向上移动，拍头向下（图 3-3）。

挥拍击球：正手吊球时，从下向上挥拍至高球击球点，拍面朝向左下，以切削方式击球托右后部击球点较高远球稍向前（图 3-4）；头顶击球时，前臂内旋手腕由伸腕开始屈腕带动手掌、手指捻动发力，使球拍内旋的同时向右下挥动以滑板方式击球托左后侧（图 3-5）。

随挥结束：击球后身体放松，顺势向左转身，手臂及球拍挥至身体左侧完成一个击球动作（图 3-6）。

（4）完整教学法：在掌握分解技术动作的基础上进行完整技术教学。

（5）直观教学法：通过教师、学生的正确示范和错误示范以及视频、图片实施直观教学。

图 3-3　转身提肘

图 3-4　正手吊球击球

图 3-5　头顶吊球击球

图 3-6　随挥结束

2. 学练方法

(1) 原地分解动作练习

视频 3-5

先按照准备姿势、侧身架拍、转身提肘、挥拍击球、随挥结束五部分逐一进行练习。动作演示见视频 3-5。

要求：练习者可按照口令“一、二、三、四、五”逐一练习，练习中注意每个分解动作之间要停顿，直到确认动作没有错误再继续做下一个分解动作。

（2）原地完整动作练习

先进行慢速完整动作练习，再逐步过渡到快速动作练习。动作演示见视频 3-6。

视频 3-6

要求：保证动作的规范、流畅。注意动作节奏，准备姿势、侧身架拍要慢，转身提肘、挥拍击球和随挥要快，结束动作要保持 1～2 秒钟。

（3）用吊线球进行吊球练习

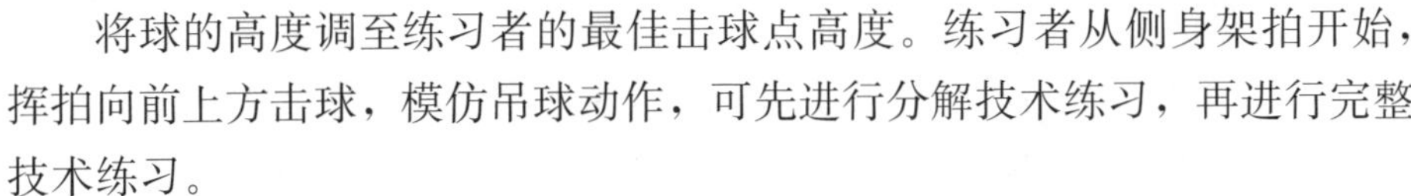

将球的高度调至练习者的最佳击球点高度。练习者从侧身架拍开始，挥拍向前上方击球，模仿吊球动作，可先进行分解技术练习，再进行完整技术练习。

要求：动作要完整、流畅、规范、放松。

（4）定点吊斜线练习

练习者以侧身架拍姿势站在正手或头顶侧球场的中后场，一人发高远球至练习者头顶附近，练习者吊斜线球至对方右或左侧网前，击球结束后马上回复到侧身架拍姿势。

要求：发球者要有较好的发球技术和控球能力，尽量减少练习者的移动。练习者应以保证技术的规范性为重，效果为次。技术手法上可稍微加大击球力度，过网高度不要太低，先吊远网练习，技术熟练后再逐步提高要求进行练习。

（5）定点吊直线练习

练习者以侧身架拍姿势站在球场正手或头顶侧中后场，一人发高远球至练习者头顶附近，练习者吊直线球至对方左或右侧网前，击球结束后马上回复到侧身架拍姿势。动作演示见视频 3-7。

视频 3-7

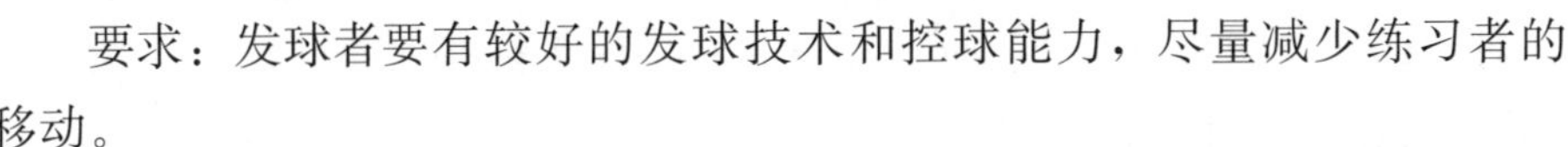

要求：发球者要有较好的发球技术和控球能力，尽量减少练习者的移动。

（6）定点吊球练习

两人一组，练习者在正手位或头顶位中后场吊球，陪练者在网前挑球进行重复练习。

要求：先练习斜线，然后再练习直线。

（7）吊直线斜线组合练习

1）两人一组，一人连续发高远球，一人在正手或头顶侧场地中后场原地吊球，一直线一斜线组合练习。动作演示见视频 3-8。

视频 3-8

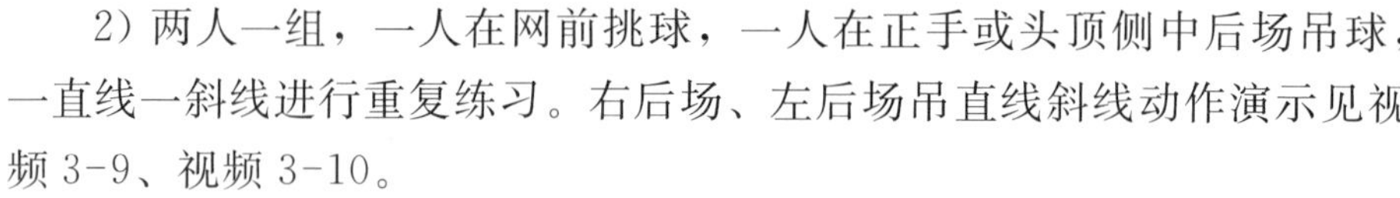

2）两人一组，一人在网前挑球，一人在正手或头顶侧中后场吊球，一直线一斜线进行重复练习。右后场、左后场吊直线斜线动作演示见视频 3-9、视频 3-10。

视频 3-9

要求：陪练者发球或挑球时尽量控制好出球的质量，减少练习者的移动和击球难度；练习者应先降低要求，保证练习的连续性，当技术稳定后再逐步提高出球的质量。

视频 3-10

三、挑球

挑球是将对方击至前场低手位的球以由下至上的弧线回击至对方后场端线上空，是羽毛球技术中常用的一项前场技术，根据击球方位的不同可分为正手挑球和反手挑球，根据击球线路的不同又分为挑直线和挑斜线。不论是正手还是反手挑球，其技术结构是相同的，只是击球时击球方位和手法不同而已，因此，正手和反手挑球在教学方法和练习的方式方法上是一致的，在此一起讲述。在本测试中还涉及反手握拍和发力技术以及前场移动步法，也在此一并介绍。

（一）反手握拍与发力

1. 技术分析

反手握拍和发力是所有反手击球技术的基础，它关系到反手各项技术的质量和击球的效果，也直接影响运动员技能水平的提高，所以教师要像重视正手握拍一样，要强调反手握拍和发力的重要性，要求学生必须掌握好反手握拍和发力技术，在这一点上教师和学生也同样不能有丝毫的妥协。

（1）动作方法

在正手握拍的基础上，拇指与食指向右捻转球拍，使拇指由侧对转为正对拍柄面，同时食指屈指回收由食指在前转为拇指在前，这样，正手握拍即变成反手握拍（图 3-7）。

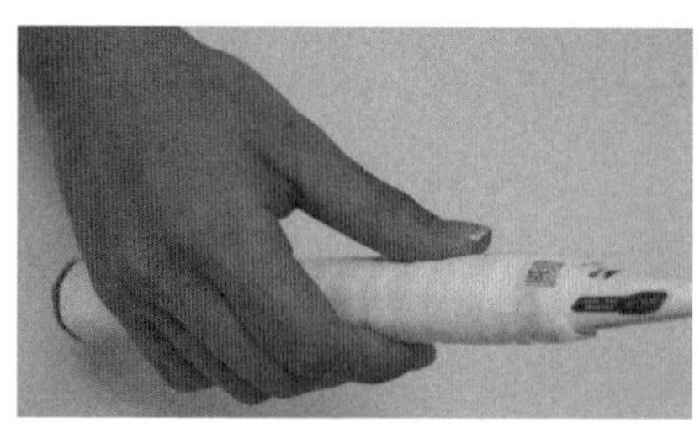

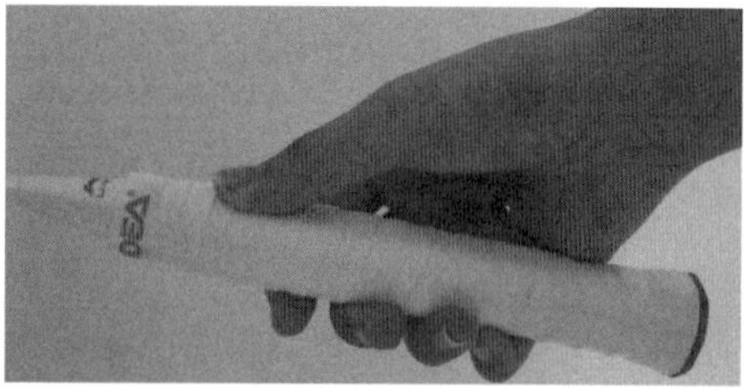

图 3-7　反手握拍

发力时，首先是前臂边内旋边曲臂回收，带领拍头向后转动，然后前臂边伸臂边外旋拧转发力，击球瞬间，拇指用力前顶其余四指屈指发力握紧球拍将球击出。

（2）技术关键

拇指前顶与其余四指屈指发力，俗称“拧瓶盖”式发力。

（3）易犯错误及纠正方法

1）拇指发力不足：主要是由于握拍方式不正确造成的，比如拇指侧对拍柄面，拇指无法发力，或食指没有后撤至拇指后面，没有发挥以食指为支点拇指前顶的杠杆力。

纠正方法：可先纠正握拍方式，然后通过一手握紧拍头、一手体会反拍发力的练习进行纠正。

2）拍头动作幅度小：主要表现为握拍太紧不松弛形成“一把抓”，没有体现握拍的“三空”，仅仅依靠前臂的屈伸挥拍，没有通过手指的“松—紧”来加大拍头的运动幅度。

纠正方法：可采取固定手臂发力练习，右手以反手握拍于体前，左手握住右手手腕保持不动，限制前臂的屈伸，通过手指的松开使拍头后转至触及身体，再通过拇指前顶其余四指屈指握拍将拍头挥至身体垂直，如此反复练习。

3）拍面转动：指在发力过程中前臂过早外旋使击球时拍面侧对球托而非正对球托击球，造成击球不准，使击球力量和方向不理想。

纠正方法：通过保持拍面不变，反手水平挥拍发球练习进行纠正。

2. 教学建议

（1）教学步骤

1）讲解后场击球的基本要求及击高远球的作用。

2）讲解示范动作要领。

3）分解教学法：先将完整动作分解为反手握拍、引拍、发力三部分逐一进行教学，再完整教学。

· 反手握拍：在正手握拍的基础上，拇指与食指向右捻转球拍，使拇指由侧对转为正对拍柄面，同时食指屈指回收由食指在前转为拇指在前。

· 引拍：拇指以外的四指松开，用四指末端触拍，尽量空出手心，使拍头尽量回摆。

· 发力：前臂外旋拧转，拇指用力前顶其余四指屈指握紧球拍发力。

4）完整教学法：在掌握分解技术动作的基础上进行完整技术教学。

5）直观教学法：通过教师、学生的正确示范和错误示范以及视频、图片实施直观教学。

（2）学练方法

1）正手握拍方式握拍转换练习：由正拍转为反拍，再由反拍转为正拍。

要求：握拍要松弛，手指转动要灵活。先要保证正反握拍要正确，速度先慢后快。

2）反手发力练习：先进行慢速完整动作练习，再逐步过渡到快速动作练习。

• 向上发力练习：反手握拍于体前与眼同高，拍面水平，进行向上发力练习。

要求：前臂保持不动，松拍时拍头尽量下放，发力结束时拍子竖直于地面。

• 向下发力练习：反手握拍于体前，拍子竖直，拍面平行于身体，进行向下发力练习。

要求：前臂保持不动，松拍时拍头尽量靠近身体，发力结束时拍子平行于地面。

• 向前发力练习：反手握拍于体前，与腰部同高，拍柄平行于地面且拍面平行于身体，进行向前发力练习。

要求：前臂保持不动，松拍时拍头尽量靠近身体，发力结束时拍子平行于地面且垂直于身体平面。

3）反手发球练习：两脚平行站立在前发球线附近，右手反手握拍于体前，与腰部同高，拍子平行于身体或略朝上，左手用拇指和食指捏羽毛球顶端使球水平放置于球拍面前，球托垂直于拍面，利用反手发力进行反手发球练习。

要求：动作要完整、流畅、规范，不要有停顿、抖动，幅度要大，速度先慢逐渐加快。

（二）前场移动步法

1. 技术分析

羽毛球步法是指在本方场地上，进行快速、合理又有一定规律的上网、后退、两侧移动和起跳腾空的方法。步法是羽毛球运动的“灵魂”，是羽毛球技术的重要组成部分，掌握好的羽毛球运动步法能合理、准确地击出高质量回球，为争取比赛的主动权创造前提条件。羽毛球步法通常按照技术结构分解成起动、移动、制动和回动等四个环节。前场移动步法又称上网步法，是从球场中心位置移动到网前的步法总称，根据击球方位的不同分为正手上网步法和反手上网步法。以下从起动、移动、制动和回动四个环节进行阐述。

(1) 动作方法

以准备姿势于球场中央位置，对方击球时练习者分腿垫步（起动），看到来球后向前快速移动，最后一步右腿跨步，小腿前伸以脚后跟着地制动，由脚后跟过渡到全脚掌着地缓冲，同时，手臂前挥击球，击球后全脚掌用力回蹬起身，脚步回动至球场中央，以准备姿势结束。

移动可根据击球的距离和时间采用一步蹬跨步、垫步加跨步、并步加跨步、交叉步加跨步等多种形式，但是不论哪种形式的上网步法，向前移动的最后一步必须采用持拍手的同侧腿来完成跨步。各种上网步法请参照如下各图及说明。

1) 跨步上网：判断准对方来球后，左脚掌内侧用力蹬地，右脚向前迈一大步，以脚掌外侧和脚跟先落地，再过渡到前脚掌，右膝关节弯曲并成弓箭步。紧接着左脚自然地向前脚着地方向靠上小半步。击球后，右脚蹬地用小步、交叉步或并步回到中心位置（图 3-8）。正手跨步上网动作演示见视频 3-11，反手跨步上网动作演示见视频 3-12。

视频 3-11

视频 3-12

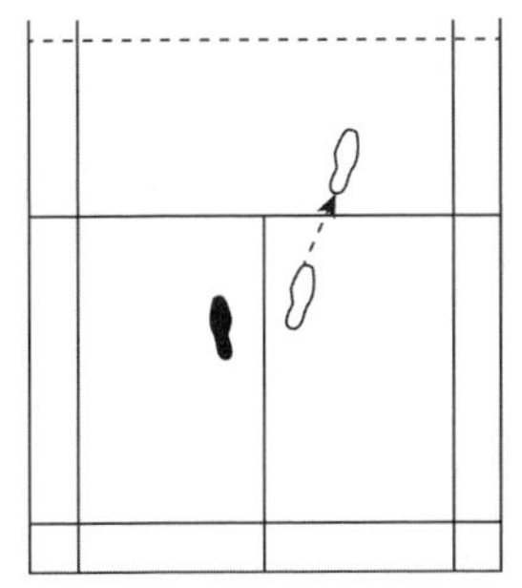
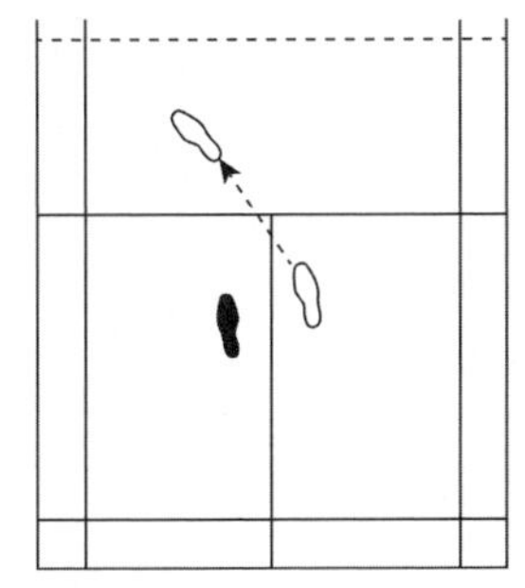

图 3-8　跨步上网

跨步上网注意右腿成弓箭步时，要防止因上网前冲力过大使重心越过右腿失去身体平衡，另外，前脚脚尖应朝着边线方向，而不应朝向内侧。

2）两步蹬跨上网：起动后，左脚先朝球的方向迈一步，紧接着左脚后蹬，侧身将右脚朝球的方向迈一大步（图 3-9）。

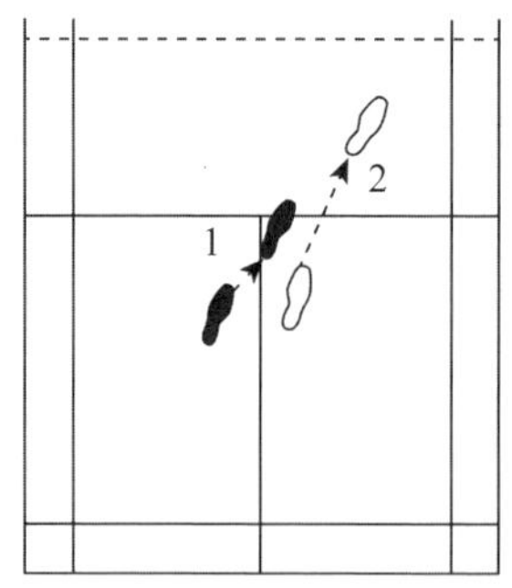

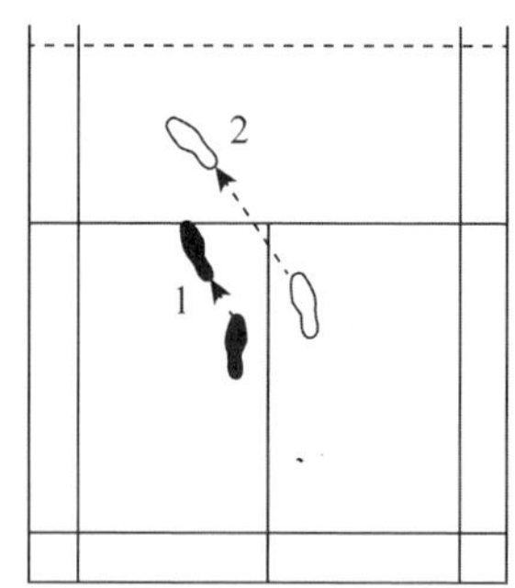

图 3-9　两步蹬跨上网

视频 3-13

3）垫步上网：起动后，稍向左转身，以右脚向左前场迈一步，紧接着左脚后蹬侧身将右脚向前跨一大步，用反手击球。垫步或交叉步上网的优点：步子调整能力强，在被动情况下，能利用蹬力强、速度快的特点迅速调整脚步，去迎击来球，垫步或交叉步上网的注意事项同跨步上网。垫步上网动作演示见视频 3-13。

视频 3-14

4）前交叉步上网：起动后，右脚先向前进一步，左脚再进一步，右脚再跨步上网（图 3-10）。前交叉步上网动作演示见视频 3-14。

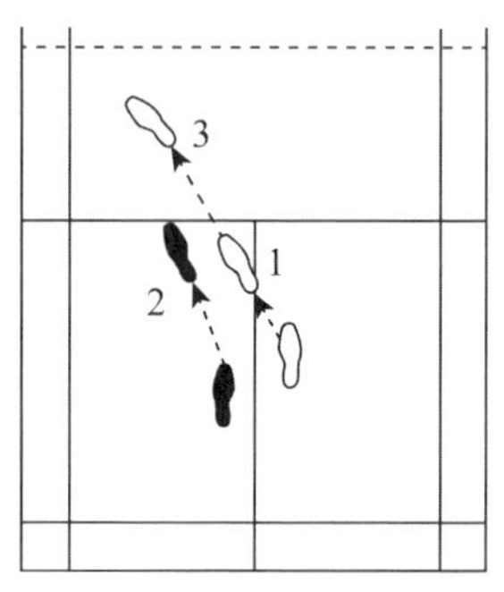

图 3-10　前交叉步上网

视频 3-15

5）后交叉步上网：起动后，右脚先向球的方向垫一步，接着左脚往右脚后交叉一步（成侧身后交叉姿势），左脚一着地马上用力后蹬，侧身将右脚向球的方向跨一大步，用正手击球（图 3-11）。后交叉步上网动作演示见视频 3-15。

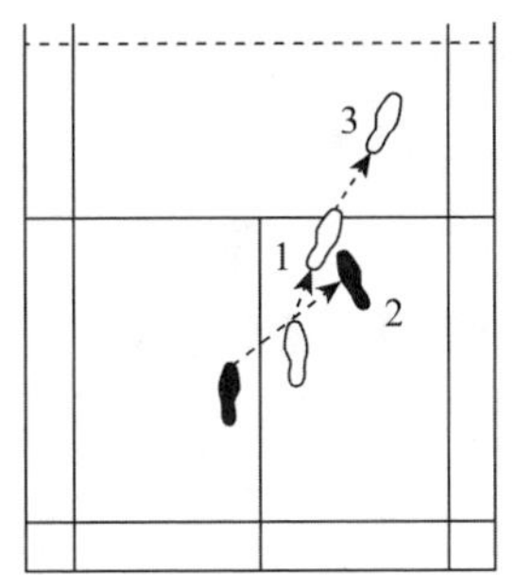

图 3-11 后交叉步上网

6）并步上网：起动时，左脚用力蹬地并迅速向右脚靠近，右脚蹬离地面与左脚在空中形成并步，左脚落地后迅速向前蹬地，右脚向前跨步。并步上网的脚步移动图和两步蹬跨上网相同，只是多了在空中时刻的两脚并步。并步上网动作演示见视频 3-16。

视频 3-16

7）蹬跳上网：在预先判断来球的基础上，迅速蹬地扑向球网，以争取在球刚越过网时立即进行还击。比赛中常用此步法上网扑球，其步法是站位稍靠前，对方一有放网前球的意图后，右脚稍向前触地便快速起蹬侧身扑向网前，击球后应立即退回中心位置。蹬跳上网既要快，又要防止因前冲力过大而触网或过中线犯规。

（2）易犯错误及纠正方法

1）没有分腿垫步（起动）：常见为击球时没有通过分腿垫步进行起动，而直接移动去击球。此错误产生的原因在于对起动的重要性认识不足。

纠正方法：首先强调起动是步法中最关键环节，在比赛中，不能及时起动是引发运动员包括高水平运动员不能到位击球和步法错乱的主要原因。从认识上重视起动环节，在行动上加强练习，可防范和纠正此错误。

2）没有脚后跟制动：表现为跨步时用前脚掌着地，造成制动不足，身体前冲失去平衡，不能稳定击球和及时回动。

纠正方法：可以通过一步跨步加回蹬练习进行纠正，练习时跨步要大，前腿尽量前伸用脚后跟着地并过渡到全脚掌后用力快速蹬回。

3）缓冲过大：是指缓冲时膝关节缓冲过度，使膝关节角度小于 90°，膝盖超过脚尖，造成膝关节支撑不住，使身体失去平衡。

纠正方法：指出错误的原因，多进行正确的跨步练习即可纠正此错误。

4）跨步时脚内收着地：跨步练习时脚着地缓冲时应稍外展，如果脚内收很容易造成脚外翻扭伤，即“崴脚”。

纠正方法：在进行跨步练习时要强调脚外展着地，说明脚内收着地的危害性，避免伤害事故的发生。

5）异侧脚跨步击球：初学者常见的步法错误，是指向前移动的最后跨步由持拍手的异侧脚来完成，违反了前场“同手同脚”的击球和步法原则，不利于身体平衡和发力，也不能快速回位。

纠正方法：指出其错误的原因，多练习正确的步法即可纠正此错误。

2. 教学建议

（1）教学步骤

1）讲解前场移动步法的基本要求和作用。

2）讲解示范动作要领。

3）分解教学法：先将完整动作分解为原地跨步练习、上一步跨步练习、组合步法练习三部分逐一进行教学。

4）完整教学法：在掌握分解技术动作的基础上进行完整技术教学。

5）直观教学法：通过教师、学生的正确示范和错误示范以及视频、图片实施直观教学。

（2）学练方法

1）原地跨步练习：两脚前后开立呈大跨步，小腿前伸，脚后跟着地制动，过渡到全脚掌缓冲，回蹬至脚后跟着地，反复练习。

要求：重心要稳定，身体要平衡，脚稍外展，膝关节角度要大于90°，膝盖不能超过脚尖。

2）上一步跨步练习：由自然站立开始，向前大跨步，小腿前伸，脚后跟着地制动，过渡到全脚掌缓冲，回蹬至站立姿势，循环往复练习。先进行慢速完整动作练习，再逐步过渡到快速动作练习。

要求：前臂保持不动，松拍时拍头尽量靠近身体，发力结束时拍子平行于地面。

3）完整步法练习：①由准备姿势开始，垫步起动，跨步回蹬，到准备姿势；②在球场中央由准备姿势开始，垫步起动，并步移动，跨步，回动到球场中央，以准备姿势结束；③跨步，回动到球场中央，以准备姿势结束。

要求：动作技术环节要完整、流畅、规范，幅度由小到大，速度由慢逐渐加快。

（三）挑球

1. 技术分析

（1）动作方法

正手移动挑球：以准备姿势于球场中央位置，对方击球时预判起动，看到来球后向右前方快速移动，最后一步右腿跨步，同时伸臂仰腕，使拍头后引并下放至右侧下方，手臂前挥击球，击球瞬间，前臂迅速屈臂内收带动手腕向前上方展腕发力击球，用正拍面向正前上方挥动，将球挑至对方后场，脚步回动至球场中央，以准备姿势结束。动作演示见视频 3-17。

视频 3-17

反手移动挑球：以准备姿势于球场中央位置，对方击球时预判起动，看到来球后向左前方快速移动，最后一步右腿跨步，同时前臂内旋屈臂，使拍头后引并下放至左侧下方，手臂前挥击球，击球瞬间，前臂迅速外旋伸臂带动手指手腕向前上方拧转发力击球，用反拍面将球挑至对方后场，脚步回动至球场中央，以准备姿势结束。动作演示见视频 3-18。

视频 3-18

根据击球的距离和时间可采用一步蹬跨步、垫步加跨步、并步加跨步、交叉步加跨步等多种移动形式。

（2）易犯错误及纠正方法

移动挑球的易犯错误主要出现在步法和击球上，步法上出现的易犯错误及纠正方法与网前移动步法相同，可参照本章的前场移动步法；正手挑球的技术结构和方法与正手发高远球基本相同，易犯错误及纠正方法可参照一级测试的正手发高远球；反手挑球的易犯错误及纠正方法可参照本章的反手握拍与发力，在此不再赘述。以下只介绍正反手移动挑球时常见的易犯错误及纠正方法。

1）击球点太近：多出现在正手挑球中，表现为击球点过于靠近身体，手臂无法挥动发力，造成击球效果不理想。

纠正方法：可先确定其最佳击球点，通过吊线球练习和原地抛球练习进行纠正。

2）大臂挥动过大：多出现在反手挑球中，表现为击球时不是通过前臂（小臂）的屈伸和拧转发力，而是通过上臂（大臂）的大幅度挥动形成直臂击球，造成击球效果不理想。

纠正方法：用左手握住右手手腕，限制手臂的活动范围进行练习可纠正此种错误。

2. 教学建议

（1）教学步骤

1）讲解挑球的基本要求和作用。

2）讲解示范动作要领。

3）分解教学法：先将完整动作分解为原地正手挑球、上一步正手挑球、移动正手挑球、一点挑两点逐一进行教学，反手挑球教学方法同正手挑球。

4）完整教学法：在掌握分解技术动作的基础上进行完整技术教学。

5）直观教学法：通过教师、学生的正确示范和错误示范以及视频、图片实施直观教学。

（2）学练方法

视频 3-19

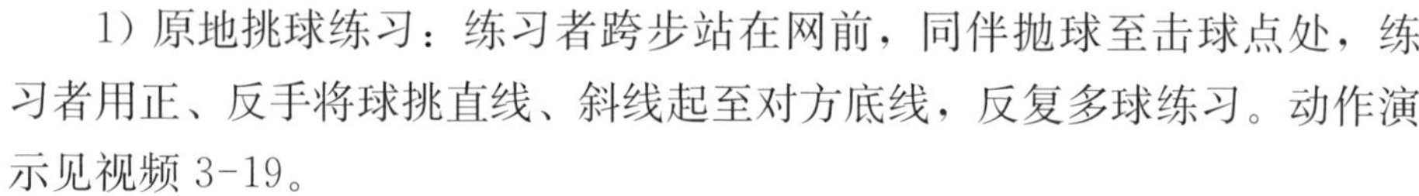

1）原地挑球练习：练习者跨步站在网前，同伴抛球至击球点处，练习者用正、反手将球挑直线、斜线起至对方底线，反复多球练习。动作演示见视频 3-19。

要求：抛球者尽量控制好抛球至练习者最佳击球点上，练习者重心移动要稳定，身体要平衡，正反拍握拍要正确，动作要完整流畅。

视频 3-20

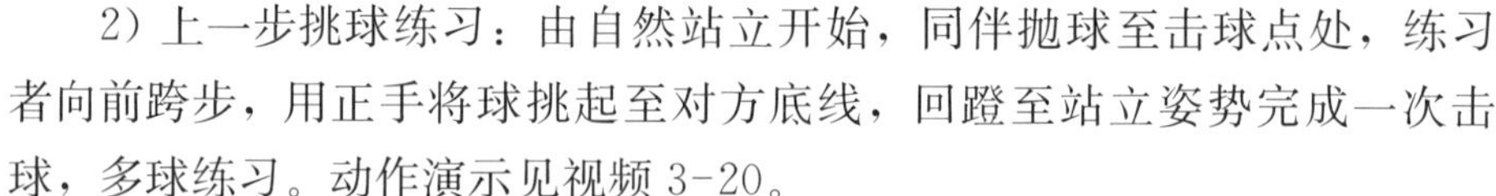

2）上一步挑球练习：由自然站立开始，同伴抛球至击球点处，练习者向前跨步，用正手将球挑起至对方底线，回蹬至站立姿势完成一次击球，多球练习。动作演示见视频 3-20。

要求：抛球者尽量控制好抛球至练习者最佳击球点上，练习者重心移动要稳定，身体要平衡。

3）移动正手挑球练习：两人一组，练习者在球场中央由准备姿势开始，同伴抛球至网前，练习者垫步起动，并步移动，跨步，同时用正、反手将球挑直线、斜线至对方底线，回动到球场中央，以准备姿势结束，反复多球练习。也可以两人一组，练习者在球场中央由准备姿势开始，同伴抛球至网前，练习者垫步起动，交叉步（前交叉、后交叉）移动，跨步，同时用正、反手将球挑直线、斜线至对方底线，回动到球场中央，以准备姿势结束，反手多球练习。

要求：动作技术环节要完整、流畅、规范，幅度由小到大，速度先慢逐渐加快。

4）一点挑两点练习：二人一组，练习者站在球场中央位置移动至网前，用正手或反手挑直线、斜线到对方后场，陪练者分别将练习者的挑球吊至练习者正手或反手网前。

要求：练习者为定点练习。针对练习者的直线挑球，陪练者回直线球；针对练习者的斜线挑球，陪练者回斜线球，即一点打两点。先练习正手挑球，再练习反手挑球。练习者和陪练者尽量控制好球，保持多回合持续练习。

第二节　体能练习

三级测试动作开始涉及羽毛球的专项步法和体能，因此，在此阶段的体能发展应在重视一般体能的前提下，进一步加强专项体能的比重，使专项体能占比达到30%左右。

1. 柔韧性练习

以加强手腕、肩、髋、膝、踝关节为主的全身关节的柔韧性练习。

2. 功能性练习

各种跑、跳、投、滚翻、爬等功能性动作练习。

3. 身体重力量练习

挂臂悬垂、引体向上、俯卧撑等上肢力量练习；双腿跳、跨步跳、单腿跳等下肢力量练习；仰卧起坐、仰卧两头起、俯卧两头起等腰腹肌力量练习；立卧撑等的全身力量练习。

4. 轻器械力量练习

各种形式的跳绳练习，结合小哑铃、沙包、握力棒、橡胶圈、弹力带等的力量练习。

5. 基础步法练习

小碎步、并步、跨步、交叉步、前进、后退、转身、变向等单一及组合步法练习

6. 灵敏与协调性练习

结合场地、绳梯、方格、小栏架、障碍物等的练习。

7. 其他素质的练习

通过各种游戏进行反应速度、动作速度、环境应变处理能力的练习。

由于三级测试还处在羽毛球技术学习的基础阶段，还是以全面发展一

般体能为主，不应过多地进行专项化练习。不论是一般体能还是专项体能，总体负荷安排的量和强度要较二级测试的小强度有所加强，上升到中等负荷，不可进行大强度大量练习。在练习形式上还是要加强多样性和趣味性，激发儿童青少年对羽毛球运动的兴趣。

第三节　育人指导

三级测试由于测试项目增加，练习的内容和方式方法也更加丰富和多样，尤其是分组练习开始增加，需要组内成员分工协作才能完成练习任务，因此这一阶段要在继续贯彻二级测试育人内容的基础上，加强学生的团队精神和协作意识。

（一）礼仪规范

1. 对人

讲礼貌：对教练、同学、工作人员要主动打招呼、问候。

讲文明：要讲礼貌用语，不可讲脏话、骂人，不给他人起歧视性、侮辱性绰号等。

友善：同伴之间要多关心，相互帮助、照顾，不可欺凌、禁止打架。

感恩：对教练的指导、同伴的陪练要有感恩心怀，对他人的帮助要主动说：“谢谢”。

2. 对物

爱惜自己的物品、保护公共物品；不可有摔拍，踢球、踩球，压球网、扯拉球网，破坏场地物品和公共设施的行为。

整理整洁：对自己的物品及练习场地设施、器材、物品要主动整理、保持整洁有序。

（二）组织纪律

遵守纪律：不准随意迟到、旷课、早退，队形整齐，注意力要集中等。

服从安排：对教练的教学队形、练习分组、练习要求等组织安排要服从，不可有不听指挥、自由散漫、随意离开练习场地或串场地等行为。

遵守规章：遵守场馆的场地、器材、卫生等的规章规定。

（三）安全意识

学会保护自己：练习时要保持安全距离，注意力要集中，注意观察各种不安全因素并积极避免。

学会保护他人：禁止用拍或用球打人；对有伤害他人的安全隐患要及时提醒和制止。

（四）合作精神

团队意识：要有为他人、团队服务的意识；从团队的整体利益出发考虑分析问题，当个人利益与团队利益相冲突时，要有牺牲精神，要以团队的利益为重；不能任性，自私自利。

团结合作：当团队分工协作时，在完成自己的工作的基础上，要积极参与、加强沟通、相互帮助、团结合作完成团队的任务；不可有推脱、延误，或不主动、不配合，甚至搞分裂、破坏团结等不良行为。

第四章　四～六级测试

四～六级测试项目共有四项，即正、反手网前定点搓、勾、推以及后场正手头顶移动高、吊、杀。从技术类型来看，有前场的搓、勾、推技术和后场的高、吊、杀技术；从击球方位来看，有前场的正、反手和后场的正手、头顶；从线路来看，有直线和斜线；从步法上来看，有前场定点移动步法和后场两点移动步法。所以四～六级测试在项目数量、技术类型、击球方位、线路和步法上较前三级测试更加丰富和多样。

第一节　技术分析与教学建议

一、搓、勾、推

（一）技术分析

搓球是指将本方近网低位球通过切击球托底部将球回击到对方近网的球。勾球是指将本方近网低位球回击到对方对角近网的球，也称勾对角。推球是指将本方近网低位球以较低平的弧线回击到对方后场的球。

搓、勾、推是羽毛球技术中常用技术，虽然本测试中的搓、勾、推三项技术是新出现的项目，但均属于网前技术，其技术结构和步法与三级测试中的挑球相同，只是击球时手法不同而已。这三项技术都涉及击球方位和击球线路，在教学方法和练习的方式方法上是一致的，在此一并介绍。上网步法在三级测试中已经介绍过，不再赘述。

1. 动作方法

准备姿势：面向击球方站立于球场中央位置，双脚左右开立略宽于肩，持拍手一侧脚略微靠前，屈膝微蹲，正手握拍，持拍于身前。

起动移动：对方击球时预判起动，看到来球后向前快速移动，最后一步右腿跨步制动缓冲。同时，肩部外展，伸肘，前臂外旋，手掌转动带动拍面向击球方向前伸，左手后伸同右手维持平衡（图 4-1）。

图 4-1　起动移动

正手原地搓球：采用正手握拍，正拍面朝上，击球时，前臂小幅度外旋的同时，手腕由外展内收，食指和拇指捻动球拍，带动拍头以弧形运动切击球托底部，使球向上翻转越过网后贴着网下落至对方网前。动作演示见视频 4-1。

视频 4-1

反手原地搓球：采用正手握拍，反拍面朝上，击球时，前臂小幅度内旋的同时，手腕由外展内收，用食指和拇指捻动球拍，带动拍头以弧形运动切击球托底部，使球向上翻转越过网后贴着网下落至对方网前。动作演示见视频 4-2。

视频 4-2

正手原地勾球：采用正手握拍，正拍面朝上，击球时，肩关节由外展内收，肘部屈臂下沉，前臂内旋，手腕由屈变伸带动拍头由右向左转动，沿着球网将球拨向对方对角网前。动作演示见视频 4-3。

视频 4-3

反手原地勾球：采用正手握拍，反拍面朝上，击球时，肩关节由外展内收，肘部屈臂下沉，前臂稍外旋，手腕由伸变屈，撬动拍头由左向右转动，沿着球网将球拨向对方对角网前。动作演示见视频 4-4。

视频 4-4

正手原地推球：采用正手握拍，正拍面朝上，击球时，以肘关节为轴，前臂快速内旋，转动拍面由朝上变为向前，手腕由屈变伸，带动拍面向前快速小幅度推送。动作演示见视频 4-5。

视频 4-5

视频 4-6

反手原地推球：采用反手握拍，反拍面朝上，击球时，以肘关节为轴，前臂快速外旋，食指和拇指快速捻动球拍，握拍由正手握拍转换为反手握拍，前臂小幅前伸，带动拍头旋转击球。动作演示见视频 4-6。

回动：脚步回动至球场中央，以准备姿势结束。

根据击球的距离和时间可采用一步蹬跨步、垫步加跨步、并步加跨步、交叉步加跨步等多种移动形式。

技术关键：击球手法运用，力量大小的控制，球与网高度的控制。

2. 易犯错误及纠正方法

易犯错误主要出现在步法和击球动作上，步法上出现的易犯错误及纠正方法与三级测试的网前移动步法相同。击球动作方法上的易犯错误及纠正方法如下。

（1）击球点过低

此错误在搓、勾、推技术中都存在，是指击球点离网带过低，降低了对方回球的难度。

纠正方法：击球时尽量抢高点去击球，压缩对方的击球时间，击球点控制不低于离网带 30 厘米，并要求击球时，手保持在肩的高点。

（2）击球力度过大

此错误表现为击球时握拍太紧，不是利用手指控球，而是通过手腕和手臂发力击球，动作幅度大，击球力度大，造成搓球时过网高度过高，勾球和推球时球出界。

纠正方法：可通过正确的握拍和绕拍练习纠正其握拍太紧的错误，在练习中强调用手指控制球拍来完成击球的动作和力度，速度要慢、幅度要小，才能完成细腻的网前击球。

（3）击球离网过远

此错误主要出现在搓和勾技术中。

在搓球时主要表现为击球瞬间拍面倾斜度过大，使球过网弧线过平，造成离网过远。

纠正方法：可通过减少入拍及击球瞬间时的拍面角度，尽量保持拍面水平去击球，使球以向上飞行为主，贴网下落到对方网前。

在勾球时主要由两种原因造成。一是击球时拍面向外的倾斜角度过大，使球飞向中路造成离网过远，可通过握拍和击球时减少拍面角度来纠正。二是击球时肘关节没有下沉回收，仅仅依靠前臂的动作挥拍击球，造成球离网过远，可通过纠正其错误动作来实现。

（二）教学建议

1. 教学步骤

（1）讲解搓、勾、推技术的基本要求和作用。

（2）讲解示范动作要领。

（3）分解教学法：先将完整动作分解为原地搓、勾、推技术，上一步搓、勾、推技术，移动加搓、勾、推技术三部分逐一进行教学。原地正、反手搓球动作演示见视频 4-1 和视频 4-2、上一步搓球动作演示见视频 4-7、完整搓球动作演示见视频 4-8。反手教学方法与正手相同；勾球和推球的教学方法与搓球相同。

视频 4-7

视频 4-8

（4）完整教学法：在掌握分解技术动作的基础上进行完整技术教学。

（5）直观教学法：通过教师、学生的正确示范和错误示范以及视频、图片实施直观教学。

2. 学练方法

（1）原地搓、勾、推技术练习

练习者跨步站在网前，同伴隔网抛球至击球点处，练习者用正、反手搓、勾、推技术击直线、斜线至对方场地，反复多球练习。

要求：抛球者尽量控制好抛球至练习者最佳击球点上，练习者要以技术学习为主，不要追求击球效果，击球点要高，动作要完整流畅。

（2）上一步搓、勾、推技术练习

由自然站立开始，同伴隔网抛球至击球点处，练习者向前跨步，同时用正、反手将球挑直线、斜线起至对方底线，回蹬至站立姿势技术完成一次击球，多球练习。

要求：在技术已经掌握的基础上进行此练习，抛球者尽量控制好抛球至练习者最佳击球点上，练习者跨步击球重心移动要稳定，击球动作要规范流畅。

（3）完整搓球练习

1）两人一组，练习者在球场中央由准备姿势开始，同伴隔网抛球至网前，练习者垫步起动，并步移动，跨步制动，用正、反手搓、勾、推技术击直线、斜线球至对方场地，回动到球场中央，以准备姿势结束，反复多球练习。

2）两人一组，练习者在球场中央由准备姿势开始，同伴抛球至网前，练习者垫步起动，交叉步（前交叉、后交叉）移动，跨步，同时用正、反手搓、勾、推技术击直线、斜线球至对方场地，回动到球场中央，以准备姿势结束，反复多球练习。

要求：动作技术环节要完整、流畅、规范，幅度由小到大，速度先慢逐渐加快。

（4）一点推两点

三人一组，练习者站在球场中央位置移动至网前，用正手或反手推击直线、斜线到对方场地，陪练者分别站在对面两侧场地分别将练习者的击球回击至练习者正手或反手网前，多球反复练习。

要求：练习者和陪练者尽量控制好球，先降低击球质量，保持多回合持续练习。

视频 4-9

（5）两人对练

视频 4-10

两人一组，练习者站网前，陪练者站在相应的位置，两人同时练习正手或反手搓、勾技术，练习者推球练习时，陪练者采用吊球技术将球回击到练习者网前。搓球对练演示见视频 4-9、勾球对练演示见视频 4-10、推球对练演示见视频 4-11。

视频 4-11

要求：练习者动作要规范，可先原地练习再进行步法移动练习。练习者和陪练者尽量控制好球，保持多回合持续练习。

（6）正、反手搓、勾、推组合练习

视频 4-12

两人一组，练习者在球场中央由准备姿势开始，同伴抛球至网前，练习者垫步起动，交叉步（前交叉、后交叉）移动，跨步，同时用正、反手搓、勾、推技术击直线、斜线球至对方场地，回动到球场中央，以准备姿势结束，反复多球练习。正手搓勾推演示见视频 4-12。

要求：练习者动作要规范，可先原地练习再进行步法移动练习。练习者和陪练者尽量控制好球，保持持续练习。

二、杀球

（一）技术分析

杀球是重要的常用后场技术之一，也是比赛中速度最快、进攻力最强、较容易得分的一项技术。根据站位的不同可分为正手杀球和头顶杀球，根据击球线路的不同又分为直线杀球和斜线杀球。不论是正手杀球还是头顶杀球，其技术结构是相同的，在教学方法和练习的方式方法上是相

同的，在此一起讲述。

1. 动作方法

从准备动作开始，看到来球后迅速右撤步转身侧向球网形成侧身架拍并移动找球，击球时，转身带动手臂以鞭打动作向上快速挥拍，前臂内旋发力，手腕由伸腕开始屈腕带动手掌手指爆发性发力，用正拍面正对前下方将球大力击出，击球后身体放松，顺势向前缓冲，手臂及球拍挥至身体左侧完成一个击球动作。

2. 技术关键

肩上鞭打动作和击球点。

3. 易犯错误

(1) 击球点不稳定

此错误在初学者中极易出现，表现为击球点过高过后，造成击球不是向下飞行而是向上或向前飞行，或者击球点过低过前，造成击球下网。

纠正方法：可确定其最佳击球点，采用吊线球练习进行纠正。

(2) 杀球不向下

此错误动作表现为击球不是向下飞行而是向上或向前飞行，产生原因除了上述的击球点过高过后以外，主要是击球瞬间不是通过向上挥臂、向下挥拍来击球，而是没有向下挥拍，仅仅通过向下挥臂来击球，造成杀球向前不向下。

纠正方法：首先让其了解错误产生的原因，然后通过吊线球进行正确的转身提肘—挥拍击球的分解动作练习，以及挥拍击球后保持击球技术动作（没有随挥）的多球练习进行纠正。

(3) 后场动作一致性差

此错误是指练习者没有保持后场技术的一致性，在进行杀球时会过早地加快击球节奏，使对手预判到练习者的击球意图。

纠正方法：首先要明确保持后场技术一致性的重要性，其次可通过先打一个吊球或高球、再打一个杀球的多球练习方式，体会其错误动作和保持动作一致性的差别，逐步去纠正。

(二) 教学建议

1. 教学步骤

(1) 讲解后场击球的基本要求及杀球的作用。

(2) 讲解示范动作要领。

(3) 分解教学法：先将完整动作分解为准备姿势、侧身架拍、转身提肘、挥拍击球、随挥结束五部分进行逐一教学，然后再进行组合、完整教学。

准备姿势：面向击球方站立，左右开立略宽于肩，持拍手一侧脚略微靠前，屈膝微蹲，正手握拍，持拍于身前（图 4-2）。

侧身架拍：看到来球后迅速右撤步移动找球，两手同时曲臂举起，左高右低，拍子垂直或略向内倾斜（图 4-3）。

图 4-2 准备姿势

图 4-3 侧身架拍

转身提肘：转身向前至面向击球方向，同时左侧肘部向下，右侧肘部屈曲向前向上移动，拍头向下至背后（图 4-4）。

挥拍击球：从下向上挥拍至击球点，前臂内旋发力，手腕由伸腕开始屈腕带动手掌手指爆发性发力，用正拍面正对前下方将球大力击出（图 4-5）。

图 4-4 转身提肘

图 4-5 挥拍击球

随挥结束：击球后身体放松，顺势向左转身，手臂及球拍挥至身体左侧完成一个击球动作（图 4-6）。

图 4-6　随挥结束

（4）完整教学法：在掌握分解技术动作的基础上进行完整技术教学。

（5）直观教学法：通过教师、学生的正确示范和错误示范以及视频、图片实施直观教学。

2. 学练方法

（1）原地分解动作练习

先按照准备姿势、侧身架拍、转身提肘、挥拍击球、随挥结束五部分逐一进行练习。练习者可按照口令“一、二、三、四、五”逐一练习，练习中注意每个分解动作之间要停顿，直到确认动作没有错误再继续做下一个分解动作。

（2）原地完整动作练习

先进行慢速完整动作练习，再逐步过渡到快速动作练习。

要求：保证动作的规范、流畅。注意动作节奏，准备姿势、侧身架拍要慢，转身提肘、挥拍击球和随挥要快，结束动作要保持 1～2 秒钟。

（3）用吊线球进行正手杀球练习

将球的高度调至练习者的最佳击球点高度。用球拍向前上方击球，模仿杀球动作，可先进行分解技术练习，再进行完整技术练习。

要求：动作要完整、流畅、规范、放松。

视频 4-13

视频 4-14

(4) 定点杀直线、斜线练习

练习者以侧身架拍姿势站在正手或头顶中后场，一人发高远球至练习者附近，练习者进行直线、斜线杀球，击球结束后马上回复到侧身架拍姿势。杀直线球动作演示见视频 4-13，头顶杀斜线动作演示见视频 4-14。

要求：发球者要有较好的发球技术和控球能力，尽量减少练习者的移动。练习者应以保证技术的规范性为重，效果为次。技术手法上可稍微加大击球力度，过网高度不要太低，技术熟练后再逐步提高要求进行练习。

(5) 定点杀球挑球练习

两人一组，一人在正手或头顶中后场杀球，一人在网前挑球进行重复练习。

要求：先练习直线杀球，然后再练习斜线杀球；先进行正手杀球练习再进行头顶杀球练习。

(6) 定点杀直线斜线组合练习

视频 4-15

1）两人一组，练习者以准备姿势站在球场正手侧中后场，陪练者发高远球至练习者头顶附近，练习者定点练习杀直线、斜线球，多球重复练习。动作演示见视频 4-15。

2）三人一组，练习者在正手或头顶侧场地中后场定点直线斜线杀球，两名陪练者在对方场地中后场将球挑给练习者，进行一点打两点练习。

要求：陪练者尽量控制好球的高度和落点，可先让练习者进行中场杀球练习，再进行后场杀球练习。

视频 4-16

(7) 后场两点移动杀球练习

1）两人一组，练习者以准备姿势站在球场正手侧中后场，陪练者以一正手一头顶连续发高远球至练习者中后场，练习者后场两点移动练习杀直线、斜线球，多球重复练习。动作演示见视频 4-16。

2）三人一组，练习者在正手侧场地中后场移动进行直线或斜线杀球，两名陪练者在对方场地中后场将球挑到练习者中后场，进行一点后场移动打两点练习。练习者先进行后场两点移动杀直线，陪练者“遇直变斜”；练习者再进行后场两点移动杀斜线，陪练者则“遇斜变直”。

要求：发球或挑球尽量控制好出球的质量，减少练习者击球难度；练习者应先降低要求，保证练习的连续性，当技术稳定后再逐步提高出球的质量。

三、高远球、吊球

四～六级的高远球和吊球项目，是在三级测试的基础上增加了后场两点移动，因此，吊球和高远球的技术学练可参照二级测试和三级测试的高远球和吊球章节，不再重复，在此只介绍两点移动击球的学练方法。

后场两点移动高远球、吊球练习：两人一组，练习者以准备姿势站在球场正手侧中后场，陪练者以一正手一头顶的方式连续发高远球至练习者中后场，练习者在后场两点移动进行击直线、斜线高远球、吊球练习，多球重复练习。练习者先进行后场两点移动击直线球练习，再进行后场两点移动击斜线球练习，最后进行后场两点移动击直线、斜线球组合练习；也可以三人一组，练习者在正手或头顶侧场地中后场移动进行直线或斜线高远球、吊球击球练习，两名陪练者在对方场地中后场以高远球或在前场以挑球将球回击到练习者中后场，进行后场两点移动打两点练习。练习者先进行后场两点移动击直线球练习，陪练者则“遇直变斜”；再进行后场两点移动击斜线球练习，陪练者则“遇斜变直”。

要求：发球或挑球尽量控制好出球的质量，尽量减少练习者击球难度；练习者应先降低要求，保证练习的连续性，当技术稳定后再逐步提高出球的质量。

第二节　体能练习

四～六级测试是由入门到提高阶段，此阶段的体能发展应在加强一般体能的前提下，进一步加强专项体能的比重，使专项体能由三级测试的占比30%左右增加到40%～50%，使专项体能和一般体能占比基本均等，一般体能练习请参照一～三级测试体能练习方法，在此只介绍专项体能的常用练习。

1. 柔韧性练习

（1）上肢和下肢单关节或多关节的静力性、动力性练习

绕腕、压腕、体前压肩、肋木压、拉肩、绕肩、持拍绕肩等发展上肢关节柔韧性练习；跟腱拉伸、弓箭步跨步拉伸，侧压腿，踢腿，坐式压腿、坐式压踝关节、纵劈叉、横劈叉等下肢关节柔韧性练习。

（2）直腿摸脚尖、下桥、髋部绕环、向前转髋、向后转髋等腰部、髋部柔韧性练习。

2. 速度素质练习

（1）移动速度练习

10～100 米冲刺跑，10～30 米快速往返跑、后退跑、侧向移动等。

（2）动作速度练习

快速挥臂、挥拍练习，通过重器械和轻器械的挥臂、挥拍练习，多球快打练习，快速击墙练习等上肢动作速度练习；快速小碎步、高抬腿，结合场地、绳梯或方格进行前后或侧向快速脚步移动练习，快速跳绳练习等下肢动作速度练习。

（3）反应速度练习

通过声音、光线、手势进行变向移动、步法移动练习、不规则橡胶球练习等。

3. 力量练习

（1）结合组合力量练习器械的上肢、下肢、腰腹背的全身综合力量练习。

（2）俯卧撑、引体向上等上肢力量练习；双腿跳、单腿跳等下肢力量练习。

（3）仰卧起坐，仰卧两头起，俯卧两头起，仰卧正蹬、倒蹬自行车，平板支撑等腰腹肌、核心力量练习。

（4）利用橡胶圈、弹力带结合羽毛球技术的上、下肢力量练习等。

（5）立卧撑等的全身力量练习。

4. 灵敏与步法练习

（1）结合场地、绳梯、方格、小栏架、障碍物等的单一步法和灵敏性练习。

（2）四方移动推球练习、半场前后移动摸底线球网和左右手摸边线组合练习、步法加技术练习等组合步法练习。

（3）小“米”字步法练习、大“米”字步法练习、看手势的步法练习等全场步法练习。

5. 耐力素质练习

（1）专项耐力练习

1～3 分钟 10～30 米往返跑练习，1～3 分钟单摇、双摇跳绳练习，400～800 米中跑练习，1～3 分钟步法练习，步法加技术的 30～50 次多球重复练习等。

(2) 有氧耐力练习

往返跑测试、12 分钟跑、1 000～5 000 米跑等练习。

专项体能训练一定要遵循与专项技术相一致、与专项用力方式相一致、与专项供能方式相一致的原则。在发展力量方面注意发展肌肉的相对力量、快速力量和爆发力，不要过于发展绝对力量使肌肉过分增大影响关节的灵活性和耐力；步法练习要在重视单一步法的基础上加强组合步法和与技术相结合的步法的发展。

第三节　育人指导

四～六级测试由于测试项目增加，练习的内容和方式方法也更加丰富和多样，尤其是在发展专项耐力和有氧耐力时，对练习者的意志品质提出了更高要求。同时，这一阶段开始参加比赛，要逐步培养其竞争意识和体育精神，具体要求如下。

(一) 礼仪规范

1. 对人

讲礼貌：对教练、同学、工作人员要主动打招呼、问候。

讲文明：要讲礼貌用语，不可讲脏话、骂人，不给他人起歧视性、侮辱性绰号等。

友善：同伴之间要多关心，相互帮助、照顾，不可欺凌他人，禁止打架。

感恩：对教练的指导、同伴的陪练要有感恩心怀，对他人的帮助要主动说“谢谢”。

2. 对物

爱惜自己的物品、保护公共物品；不可有摔拍，踢球、踩球，压球网、扯拉球网，破坏场地物品和公共设施的行为。

整理整洁：对自己的物品及练习场地设施、器材、物品要主动整理、保持整洁有序。

(二) 组织纪律

遵守纪律：不准随意迟到、旷课、早退，队形整齐，注意力要集中等。

服从安排：对教练的教学队形、练习分组、练习要求等组织安排要服从，不可有不听指挥、自由散漫、随意离开练习场地或串场地等行为。

遵守规章：遵守场馆的场地、器材、卫生等的规章规定。

(三) 安全意识

学会保护自己：练习时要保持安全距离，注意力要集中，注意观察各种不安全因素并积极避免。

学会保护他人：禁止用拍或用球打人；对有伤害他人的安全隐患要及时提醒和制止。

(四) 合作精神

团队意识：要有为他人、团队服务的意识；从团队的整体利益出发考虑分析问题，当个人利益与团队利益相冲突时，要有牺牲精神，要以团队的利益为重；不能任性，自私自利。

团结合作：当团队分工协作时，在完成自己工作的基础上，要积极参与、加强沟通、相互帮助、团结合作完成团队的任务；不可有推脱、延误，或不主动、不配合，甚至搞分裂、破坏团结等不良行为。

(五) 意志品质

顽强意志：遇到挫折和失败，要勇于面对，要有不怕输、不服输的不屈不挠的顽强意志。

坚强品质：在学习、训练和生活中遇到困难时，要有不怕困难，并积极克服困难的坚强品质。

(六) 体育精神

竞争意识：通过参加比赛，培养其敢于竞争、勇于挑战的竞争意识。

公平公正：在比赛和生活学习中要有规则意识，要有公平公正的体育精神。

第五章　七～九级测试

七～九级测试在项目设置上和达标标准上考虑到了男女性别的差异，这是七～九级测试与一～六级测试最大的区别所在。项目设置上男女各有四项，其中有三项是相同的，不同的一项是男子为杀上网、女子为吊上网；在达标标准上，女子标准略低于男子。羽毛球最常用的技术类型、击球方位、线路和步法，在七～九级测试中基本都涵盖了。与一～六级测试相比较而言，仅仅多了对墙击球和后场后退移动步法。

第一节　技术分析与学练方法

一、技术分析

(一) 平抽挡

平抽挡技术是中场击球技术，也是双打较为常用的技术。由于平抽挡在场地上难以测试，而快速对墙击球与平抽挡技术类似，而且测试方法简便易行，所以采用对墙击球来代替。

平抽挡是指运用正手或反手击球技术，将肩至头部高度附近的来球，以平网的飞行弧度，快速还击到对方中后场（视频 5-1）。不论是正手还是反手平抽挡，其击球技术与正手、反手击球技术相同，只是平抽挡技术引拍和发力动作幅度小，距离短，速度快，因此不再赘述，在此只介绍中场两侧移动步法。

视频 5-1

两侧移动步法：多用于接对方的扣杀球和打来的半场低平球，其移动前的准备姿势及站位基本同上网步法。

（1）左右跨步

左跨步：判断准来球后，上体稍倾倒向右侧，用右脚掌内侧用力蹬地，左脚随髋关节的转动同时向左侧跨大步（图 5-1）。若来球较远，左脚先向左侧移一小步，紧接着右脚往左侧方向起蹬并转身，向左跨大步。

右跨步：判断准来球后，上体稍倾倒向左侧，用左脚掌内侧用力蹬地，右脚同时向右侧跨大步，髋关节随之右转、上体稍倾倒向右侧，重心在右脚上（图 5-2）。若距来球较远，则须左脚先向右脚垫一小步再起蹬，右脚同时向右侧跨大步。

左、右跨步动作演示见视频 5-2、视频 5-3。

视频 5-2

视频 5-3

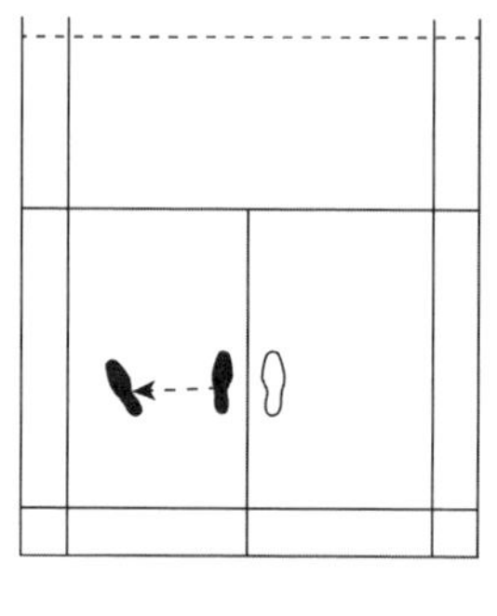

图 5-1　左跨步

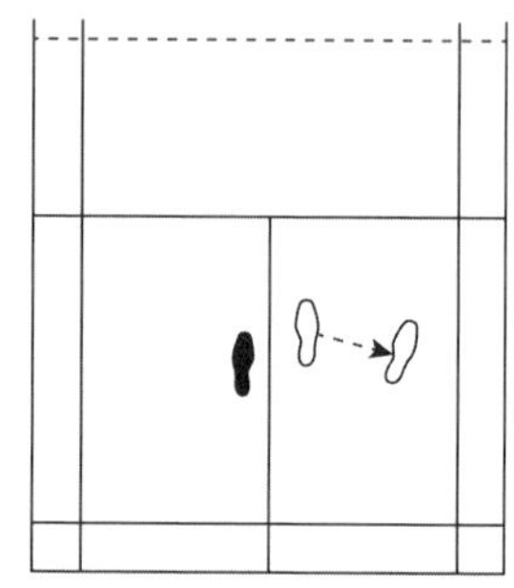

图 5-2　右跨步

（2）向右并步加蹬跨步

从起动开始，身体倾向右侧，重心移动到右脚，左脚向右脚靠拢一小步并以前脚掌蹬地，向右侧转髋，右脚向右侧跨步，脚尖朝外（图 5-3）。

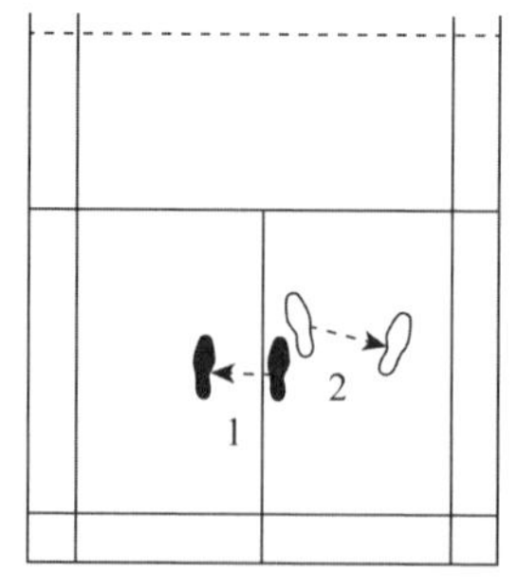

图 5-3　向右并步加蹬跨步

视频 5-4

(3) 向左垫步加蹬转跨步

起动后，右脚掌内侧用力蹬地，同时向左转髋跨步，左脚顺势向左垫出一步，上身略向左侧倒，做抽、挡球，击球后右脚前掌回蹬，回中心位置（图 5-4）。动作演示见视频 5-4。

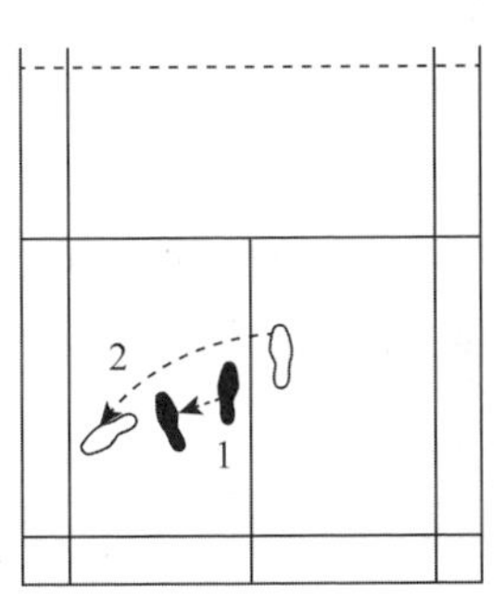

图 5-4　向左垫步加蹬转跨步

(4) 左、右侧起跳步法

这种步法由于起跳加快了步伐的速度和击球高度，具有较大的威胁性，常被称为突击步法，有两种起跳步法：①从准备动作开始，身体向右稍微斜一点，双膝向右侧微屈起跳；②从准备动作开始，右脚向右跨一小步起跳，或左脚向左跨一小步起跳。

(二) 后退步法

本测试中男子的杀上网和女子的吊上网需要采用前后场的移动步法。前场上网移动步法已经在三级测试章节中介绍过，在此只介绍后场后退步法。从步法结构来说，后退步法和上网步法相同，都从准备姿势开始，分为起动、移动、制动和回动四个环节，这也在三级测试章节中介绍过，在此只介绍后退移动步法。

后退步法有右后场区后退步法和左后场区后退步法。右后场区后退步法主要是正手后退步法；左后场区后退步法包括头顶后退步法和反手后退步法。需要强调的是，除了反手后退步法以外，不论是哪种后退步法，其移动步法的第一步右转侧身架拍和最后一步右脚跳转步或蹬转步是后退步法的关键环节，在教学和练习中要格外重视。

(1) 正手后退步法

正手后退步法有并步和交叉步两种。实战中可根据场上情况和个人特点灵活使用。判断准来球后，先调整重心至右脚，然后右脚蹬地迅速向右后撤一小步，同时上体右转，左肩对网，接着左脚用并步靠近右脚（或从右脚交叉后撤一步），右脚再向后移至来球位置。在移动的同时，必须完成挥拍击球前预备动作，待球在右肩上方下落时，做正手原地或起跳击球。击球后，身体重心随右脚前移迅速用小步跑或并步回到中心位置。

视频 5-5

1）侧身并步后退步法：起动后，以左脚前掌为轴，右脚往右后侧蹬转后退一步，左脚即刻往右脚并一步，紧接着右脚再向后撤一步，成侧身对网姿势。此刻，可原地击球或起跳击球（图 5-5、图 5-6）。一个侧身并步后退步法演示见视频 5-5。

图 5-5 一个侧身并步后退步法

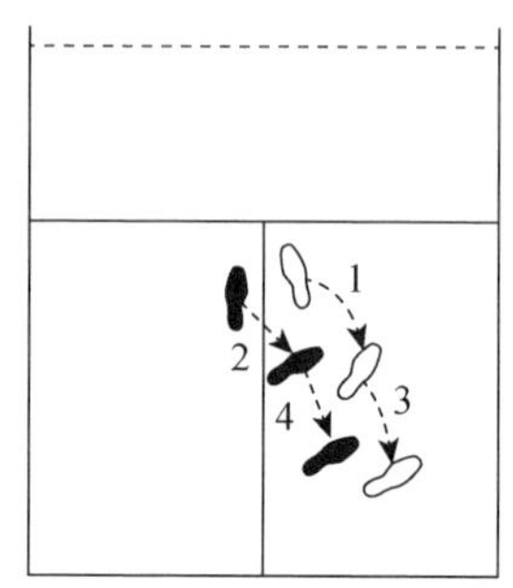

图 5-6 两个侧身并步后退步法

2）交叉步后退步法：起动后，以左脚前掌为轴，右脚往后侧蹬转后退一步，步幅不宜过大，左腿即刻由右腿后交叉后退一步，紧接着右脚再往右后撤一步，成侧身对网姿势。可原地击球或起跳击球（图 5-7）。

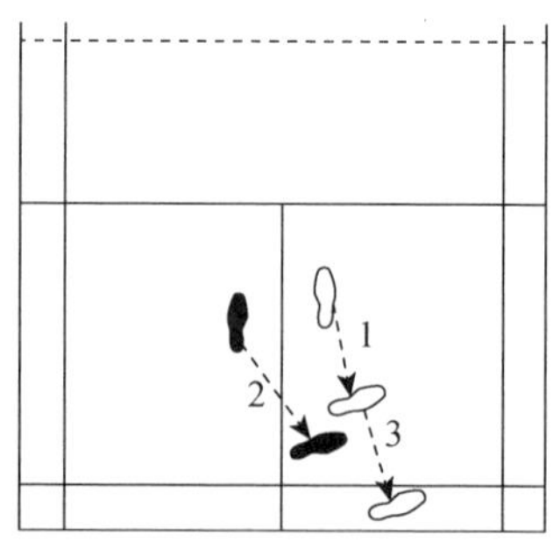

图 5-7 交叉步后退步法

（2）头顶后退步法

头顶后退步法是对方来球向左后场区，用头顶击球技术还击时所采用的后退步法。头顶后退步法也可用并步或交叉步移动后退。判断准来球后，右脚蹬地撤向左后方，同时，髋关节及上体向右后方转动（转动的幅度比正手后退要大些），且稍有后仰。接着，左脚用并步或交叉步后撤，右脚再退至来球位置用头顶击球技术击球。击球后，迅速回到中心位置。动作演示见视频 5-6。

视频 5-6

（3）反手后退步法

反手后退时，应根据离球距离的远近来调整移动步子。如离球较近，可采用两步后退步法。一种是左脚先向左后方撤一步，接着上体左转，右脚向左后方跨一步，背对网（图 5-8）。另一种是右脚先向左脚并一步，接着左脚向左后方跨一步，同时上体左转，右肩对网做反手击球。如离球较远，则要采取三步或五步后退步法。三步后退时，右脚先向左脚并一步，左脚再向左后方撤一步，同时上体左转，右脚再向左后方跨一步至来球位置背对球网，做反手击球。动作演示见视频 5-7。如三步移动还未到来球位置，则左脚、右脚再分别向后移动一步，即成五步移动步法。

视频 5-7

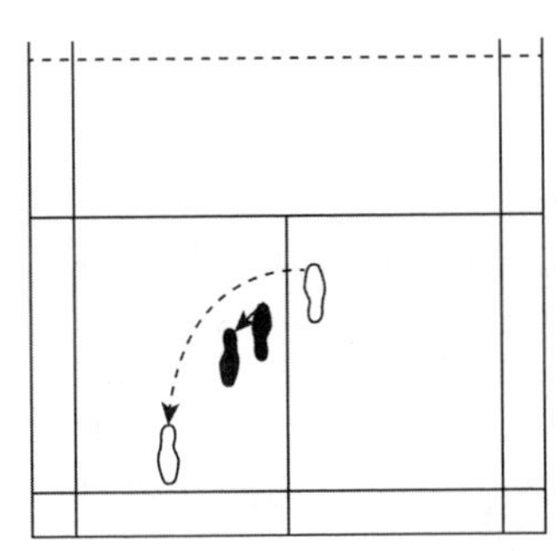

图 5-8　反手后退步法

后退步法中常见的错误步法是起跳击球后重心后倒。起跳时重心应向上或稍向前，先着地的左脚应该向后拉大着地的距离，并使后着地的右脚向前落在左脚起跳前的位置，完成一个前后脚的交替动作，以保证落地后身体能前倾，有利于回动。

视频 5-8

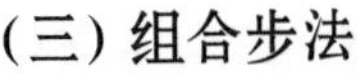

（三）组合步法

组合步法是将前场上网步法、中场左右横向移动步法和后场后退移动步法进行任意组合练习的方法。

视频 5-9

前后场结合步法：将上网步法和后退移动步法进行组合练习的方法。动作演示见视频 5-8。

综合步法：将前场上网步法、中场左右横向移动步法和后场后退移动步法进行组合练习的方法。动作演示见视频 5-9。

二、学练方法

1. 网前球练习

前场两点移动正、反手挑球练习；一人网前喂球，一人（搓、勾、推、扑、正反拍挑球、综合）练习；两人网前（对搓、勾、推、搓扑球）练习；两人全场范围内（对搓、勾、搓扑、正反拍挑球）练习。

要求：网前技术的难点是握拍要活，要充分利用手腕和手指的力量来控制球拍，以便击出不同球路和落点的球。不论是练搓球，还是练勾对角球、扑球、放网前球、平推球等，均宜采用多球练习。

练习者通过大密度的练习，可充分体会网前击球动作的感觉。练习时，两人隔网相立，一人将球一个接一个地抛至练习者一方的网前，练习者用正手或反手技术练习各种网前击球。一开始原地练习，待熟练掌握各种网前击球技术后，可结合上网步法进行练习。

2. 中场球练习

(1) 中前场封网练习

1）两人一组，练习者站在前发球线稍后附近，喂球者站在对面场地中场附近连续发平高球，高度在练习者的头部略高位置，练习者进行举拍连续快速封网练习。

视频 5-10

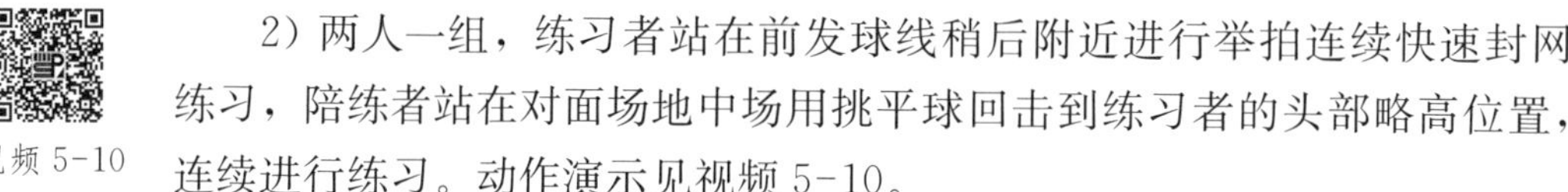

2）两人一组，练习者站在前发球线稍后附近进行举拍连续快速封网练习，陪练者站在对面场地中场用挑平球回击到练习者的头部略高位置，连续进行练习。动作演示见视频 5-10。

(2) 平抽球练习

两人站在场地中部，用平球相互抽击（直线或斜线均可）。练平抽球时，握拍可适当上移。

(3) 接杀球练习

两人在半场进行一攻一守练习，练习者刚开始杀球不要追求力量，先确定落点，准确性提高后，逐渐加力。陪练者可进行挡、放网和弹后场球，挡、放网时注意拍面的控制，同时手臂不要过于紧张；弹后场球时，击球点要尽量靠前一些，同时挥拍幅度不宜过大。动作演示见视频 5-11。

视频 5-11

要求：中场技术尤其是封网和平抽挡技术，由于球速高、节奏快，要尽量将拍举在身前，在身前击球，同时动作幅度要小、速度要快。

3. 后场球练习

（1）移动高远球练习

1）一人固定、一人前后移动高远球练习：一人在底线固定位置击出高远球，另一人则在回击高球后从底线回到中心位置，再重新退到底线回击对方打来的高远球。

2）一点打一点前后移动练习：对练双方在各自击完球后都回到中心位置，然后再各自退到底线回击对方打来的高远球，如此循环练习。

3）一点打两点三角移动练习：一人先固定在底线某个角上，先后将高球击往对方底线两个点（直线加斜线高球），另一人通过三角移动，还击球至一个点（直线加斜线高球）。

要求：两人对打高球的练习方法很多，初学者应按照循序渐进的原则，先熟练掌握原地对打，然后练习一人固定、一人移动对打，最后练习掌握两人移动对打。在练习过程中，要强调高、吊、杀动作的一致性，即在准备、引拍、挥拍到击球前期动作的一致性，只是在击球的瞬间各有所不同。

（2）移动中吊球练习

在较熟悉地掌握原地吊球技术之后，即可进行移动中吊球点练习，这样便可与实战紧密结合了。

1）一点打吊一点前后移动练习：练习者在后场底线吊球后，移动到中心位置，然后重新退回底线进行吊球，挑球者挑球后，退回中心位置，然后重新上网挑球。

2）两点吊一点前后移动练习：吊球者先后在后场两个点将球吊至对方网前的一个点上，挑球者在网前一个点上先后将球挑至对方后场两点上，双方均做前后移动。

3）两点吊两点前后移动练习：在两点吊一点的基础上，吊球方增加一个吊球点。即：吊球者先后在后场两个点将球吊至对方网前的正反两点上，挑球者在网前正反两点上先后将球挑至对方后场两点上，双方均做前后移动。

（3）杀球练习

由于接杀球者一般不易把对方的杀球连续挑到后场，所以，练杀球多采用多球练习。一人利用多球连续发至练习者的后场，练习者先原地进行扣杀球练习，然后再过渡到移动中点扣杀练习。初学者一般练正手杀球，待熟练后再练习头顶或反手杀球。在练习杀球时，要注意落点和线路的变化。

在没有球网的场地上，将球发到练习者的前上方（杀球的正确位置处）让练习者练习杀球。

在球场上，用多球将球发送至后场任何位置，练习者练习移动中杀球。

4. 综合练习

把单一基本技术（包括手法和步法）结合起来进行练习，即综合练习。这种练习方法的特点是，通过一定套路使手法与步法、进攻与防守等技术在前场和后场有机结合一起，从而提高基本技术在比赛中的实效性。初学者在较熟练地掌握了各个单一基本技术后，进行一些综合练习，可较快地提高技术水平。

要求：进行综合练习时，最初应将移动路线和击球落点固定下来，以便于综合技术的掌握。然后，再过渡到不固定移动路线和击球落点的练习。

(1) 吊上网练习

视频 5-12

这种练习是指将对方发（击）来的后场高球吊到对方网前，然后从后场移动至网前，以各种网前击球技术还击对方回来的网前球称吊上网。

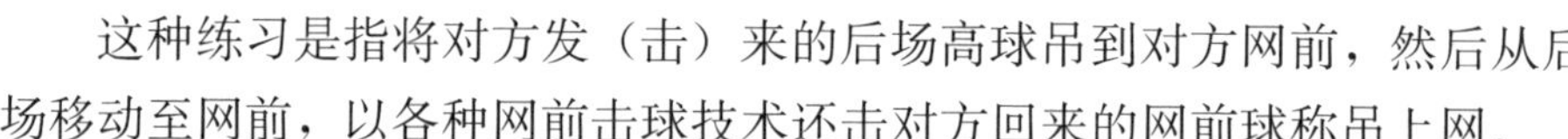

1）直线吊上网搓球练习：练习者在右半场（左半场）底线，将球直线吊至对方网前，陪练者将来球回到练习者的全场区，练习者移动上网把网前球搓回到对方网前，然后陪练者再将球挑到练习者的后场底线，练习者再退至后场吊球，再上网搓球，如此循环练习。动作演示见视频 5-12。

2）斜线吊上网搓球或勾球练习：练习者在正手（或左后场）底线，将球斜线吊到对方的右（左）前场区，陪练者将球回到练习者的左（右）前场区，练习者上网搓球或勾球，陪练者再将球挑回练习者的右（左）底线，练习者再退至后场吊斜线球，再上网搓或勾球，如此循环练习。

要求：在较熟练地掌握两种固定落点和路线的练习后，即可进行不固定落点和路线的吊上网练习。

视频 5-13

(2) 杀上网练习

杀上网练习是指一方将对方发（击）来的后场高球扣杀至对方场区内，并随后场移动至前场，以各种网前击球技术还击对方放回的网前球。动作演示见视频 5-13。

要求：杀上网练习的方法可参照吊上网练习，不同的是将吊球改为杀球。杀上网在初期练习时，也应先行固定路线和落点，待熟练掌握技术之后即可进行不固定落点和路线的练习。

(3) 吊、杀上网练习

这是一种将吊球和杀球结合使用，然后上网做各种网前击球动作的练习。

1) 半场吊、杀上网练习：练习者在右半场（左半场），将对方击（发）来的后场高球用吊或杀球还击到对方前场区，对方将球回放到练习者的网前，练习者上网扑或搓、推、勾球，对方将球回至练习者的后场底线附近，练习者再接着吊球或杀球上网，如此循环练习。

2) 全场吊、杀上网练习：练习者在底线附近任意一点，将对方击（发）来的高球吊或杀球到对方前场区，对方将球还击至练习者的网前区，练习者上网做扑或搓、推、勾球，对方再将球回至练习者后场，练习者再吊或杀球，如此循环练习。

(4) 二控一练习

三人一组。两人方：一人站在网前，只挡放网，不得扣杀球。为保证对面练习者跑动时的连续性，不要求回球质量过高。另一个人在后场控制有目的地打各种球给对方。一人方：模仿实战，尽可能做到把来球回到相应位置，对于相对差一些的爱好者，可只打半场直线的跑动练习，就是一个网前球，一个后场球。练习者进行直线跑动练习。

(5) 网前抢点练习

两人一组。一人站在发球线上，手抛网前球，落点不固定，另一人依据抛出的网前球路线，反复上网抢点进行压、推、挑、放的练习。

要求：抛球一方，球的高度不宜质量过高，要配合接球方的节奏，当对方回到发球线时再喂球。接球一方，选择的上网路线应该在全场的中场防守点和练习时的击球点之间，注意不要偏高。

上网时要利用垫步跨蹬的步法，启动的同时球拍向网上击球点处快速伸出，出手击球动作不要过大，多体会运用手腕和手指发力，要追求落点和质量。最后一步落地时前脚掌外翻，处理完球马上右脚保持在前后退还原，保持上网和还原时的连贯性，要有节奏感。

(6) 上网推搓球、快速反方向的腰部低手防守练习

两人一组，一人站在网前利用手抛球，先给对方手抛网前的正手位球，然后模仿劈吊的速度将球快速抛向对方的反手腰部边线附近。注意节

奏，要接近实战，不要过快或过慢。

接球方：站在单打防守位置，当对方抛出正手网前球时，利用急停加速启动，快速上网或推或搓，然后快速还原，还原到位的同时急停蹬转体，向反手跨步，进行反手的低手接球，最好是挡网，可直线或斜线，然后快速还原再次上网。

要求：手要求一定抢高前点处理，反手要求绝对要低手处理，不要求抢前点或高点，这样才能达到一攻一防的练习效果，正手位到反手位的跑动应该是明显的小斜线。

（7）急停起动练习

1）原地的急停练习：一人在场地的一边，最好站在凳子上，利用头顶发球的方式，将球打到高处。练习者在另一边的场地中，以右手持拍为例，右脚在前，两脚自然略宽于肩站好，盯着对面发球者的球拍，在击球的一瞬间，跟着做原地的急停，两人循环反复练习。

2）原地急停加起动练习：在熟练掌握上面的急停练习后，开始加入起动，起动分为前后两种方式，先练习向后的起动。

3）向后的急停起动：发球者发后场的高远球，练习者结合急停技巧在急停落地的同时，前脚发力向后快速蹬转带动身体同时向后转体，然后做一个或两个并步继续向后场底线附近，做一个转体挥拍的动作，顺势还原到起动时的位置，两人循环反复练习。

4）向前的急停起动：发起者发前场小球，练习者结合急停技巧在急停落地的同时，利用后脚（左脚）先做一个垫步带动右脚顺势向前用力蹬跨一大步到网前，也就是说从圆心（指防守位置）起动到网前，是一个半步和一个大步。然后做一个转体网前挑球的动作，再后是右脚保持在前，用并步或双脚向后的一个小跳，还原到起动时的位置，两人循环反复练习。

（8）三人组合的杀、挡、弹练习

三人一组，在两个半场站位，两人边按前后场站位。两人边前场一人负责回放网练习，另一人在后场进行杀球练习。

要求：前场者以挡回放网为主要练习，不容许使用网前的搓球技术，练习目的在于中短距离的手感，由于限制了搓球，所以降低了回球难度，保证了双方来回练习的连续性不被破坏。

后场者：只要见到高球必须杀球，刚开始的时候，做单边的练习，就

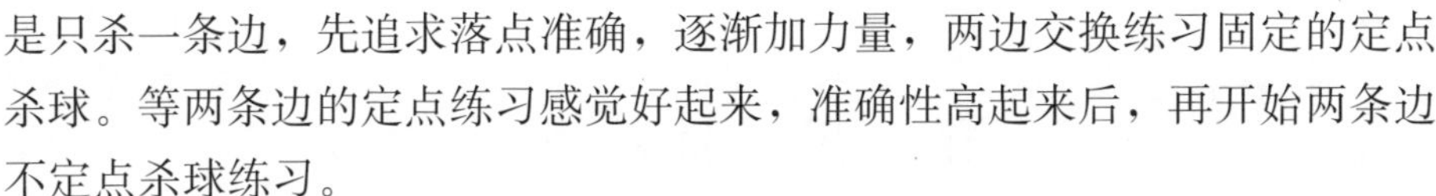

是只杀一条边，先追求落点准确，逐渐加力量，两边交换练习固定的定点杀球。等两条边的定点练习感觉好起来，准确性高起来后，再开始两条边不定点杀球练习。

对面防守者：刚开始的时候，可以站位略靠近边线，接杀球先直接挡垫到对方网前就行。当两条边接杀熟练后，防守者要逐渐将站位向场地中心调整，并要求做些接杀挡斜线。再熟练些后就可以根据对方杀球落点的难易程度练习弹后场直线或斜线，也就是可以自由选择回球落点。

（9）攻守综合练习

1）半场打半场攻守练习：利用场地的半边，练习者以高远球、平高球、杀球或吊球进攻，陪练者则主要以高远球和挡球、放网前球来防守。

2）全场打全场攻守练习：要求和方法同上，只是还可以用二打一的形式进行，即两个人为一方以防守为主，另一人为一方以进攻为主，也可调换攻防技术进行练习。

（10）多球练习

此种练习方法适用于所有技术动作。需要两人练习，一人掷球或发球，另一人练习技术动作。个数和组数可以根据实际情况来调整，可以定点、多点练习。好处是短时间内可以强化某种技术动作，尽快提高技术动作的熟悉性及可以控制练习的强度、密度。

（11）实战练习

就是在实战训练中模拟比赛过程中出现的各种情况来制定训练内容，提高抗风险能力。具体有以下几种训练法。

1）基本技术计分练习：只要有计分，运动员在基本技术训练中就不会随便失误，提高了技术训练的实战性。

2）让分练习：模拟落后或领先情况下保持心理稳定的能力。

3）关键球处理练习：一局比赛或决胜局比赛最后几分的战术训练，分数从 18∶18、20∶20 开始计分，锻炼决胜分的处理能力。此外，还有主动失误加倍计分训练法等。

要求：实战练习要尽量根据比赛的场地特征、对手的技战术特征来进行模拟练习，练习者态度要认真积极。

第二节　体能练习

七～九级测试是精英级，此阶段的体能发展应着重加强专项体能的比重，使专项体能占比达到 60%～70%，一般体能练习请参照一～三级测试体能练习，专项体能的常用练习如下。

1. 柔韧性练习

（1）上肢和下肢单关节或多关节的静力性、动力性练习

绕腕、压腕、体前压肩、肋木压、拉肩、绕肩、持拍绕肩等发展上肢关节柔韧性练习；跟腱拉伸、弓箭步跨步拉伸、侧压腿、踢腿、坐式压腿、坐式压踝关节、纵劈叉、横劈叉等下肢关节柔韧性练习。

（2）直腿摸脚尖、下桥、髋部绕环、向前转髋、向后转髋等腰部、髋部柔韧性练习。

2. 速度素质练习

（1）移动速度练习

10～100 米冲刺跑，10～30 米快速往返跑、后退跑、侧向移动等。

（2）动作速度练习

快速挥臂、挥拍练习，通过重器械和轻器械的挥臂、挥拍练习，多球快打练习，快速击墙练习等上肢动作速度练习；快速小碎步、高抬腿，结合场地、绳梯或方格进行前后或侧向快速脚步移动练习，快速跳绳练习等下肢动作速度练习。

（3）反应速度练习

通过声音、光线、手势进行变向移动、步法移动练习、不规则橡胶球练习等。

3. 力量练习

（1）结合组合力量练习器械的上肢、下肢、腰腹背的全身综合力量练习。

（2）俯卧撑，引体向上等上肢力量练习；双腿跳、单腿跳等下肢力量练习。

（3）仰卧起坐，仰卧两头起，俯卧两头起，仰卧正蹬、倒蹬自行车，平板支撑等腰腹肌、核心力量练习。

（4）利用橡胶圈、弹力带结合羽毛球技术的上、下肢力量练习等。

（5）立卧撑等的全身力量练习。

4. 灵敏与步法练习

（1）结合场地、绳梯、方格、小栏架、障碍物等的单一步法和灵敏性练习。

（2）四方移动推球练习、半场前后移动摸底线球网和左右手摸边线组合练习、步法加技术练习等组合步法练习。

（3）小“米”字步法练习、大“米”字步法练习、看手势的步法练习等全场步法练习。

5. 耐力素质练习

（1）专项耐力练习

1～3 分钟的 10～30 米往返跑练习，1～3 分钟的单摇、双摇跳绳练习，400～800 米中跑练习，1～3 分钟步法练习，步法加技术的 30～50 次多球重复练习等。

（2）有氧耐力练习

往返跑测试、12 分钟跑、1 000～5 000 米跑等练习。

6. 以赛带练

（1）在大赛前，组织各种形式的有针对性的队内模拟比赛来进行专项体能训练。

（2）在大赛前，有针对性地参加各种类型和不同水平的比赛进行专项体能训练。

这一阶段的体能以专项体能为主，负荷强度和量一般要与比赛强度和量相一致或大于比赛强度和量。同时要根据训练阶段来合理安排训练内容和负荷，注意训练后的恢复和营养，防止长期超负荷练习造成运动员过度训练而形成伤病，影响运动员长远的可持续发展。

第三节　育人指导

七～九级测试属于专业选手级别的水平，参加比赛的频率和水平都有较大提高，这就要求运动员结合个人性格、技术、战术特点逐步培养运动员的独特的技术风格和打法类型，具体要求如下。

（一）礼仪规范

1. 对人

讲礼貌：对教练、同学、工作人员要主动打招呼、问候。

讲文明：要讲礼貌用语，不可讲脏话、骂人，不给他人起歧视性、侮辱性绰号等。

友善：同伴之间要多关心，相互帮助、照顾，不可欺凌他人，禁止打架。

感恩：对教练的指导、同伴的陪练要有感恩心怀，对他人的帮助要主动说“谢谢”。

2. 对物

爱惜自己的物品、保护公共物品；不可有摔拍，踢球、踩球，压球网、扯拉球网，破坏场地物品和公共设施的行为。

整理整洁：对自己的物品及练习场地设施、器材、物品要主动整理、保持整洁有序。

（二）组织纪律

遵守纪律：不准随意迟到、旷课、早退，队形整齐，注意力要集中等。

服从安排：对教练的教学队形、练习分组、练习要求等组织安排要服从，不可有不听指挥，自由散漫，随意离开练习场地或串场地等行为。

遵守规章：遵守场馆的场地、器材、卫生等的规章规定。

（三）安全意识

学会保护自己：练习时要保持安全距离，注意力要集中，注意观察各种不安全因素并积极避免。

学会保护他人：禁止用拍或用球打人；对有伤害他人的安全隐患要及时提醒和制止。

（四）合作精神

团队意识：要有为他人、团队服务的意识；从团队的整体利益出发考虑分析问题，当个人利益与团队利益相冲突时，要有牺牲精神，要以团队的利益为重；不能任性，自私自利。

团结合作：当团队分工协作时，在完成自己工作的基础上，要积极参与、加强沟通、相互帮助、团结合作完成团队的任务；不可有推脱、延误，或不主动、不配合，甚至搞分裂、破坏团结等不良行为。

（五）意志品质

顽强意志：遇到挫折和失败，要勇于面对，要有不怕输、不服输的不屈不挠的顽强意志。

坚强品质：在学习、训练和生活中遇到困难时，要有不怕困难，并积极克服困难的坚强品质。

（六）体育精神

竞争意识：通过参加比赛，培养其敢于竞争、勇于挑战的竞争意识。

公平公正：在比赛和生活学习中要有规则意识，要有公平公正的体育精神。

（七）个性发展

性格特征：根据每个人的性格特征，逐步引导和培养其个性特征。

技术风格：结合每个人性格特征、体能特征以及技战术特征，培养其逐步形成个人独特的技术风格和打法类型。